KB252624

성장의 한계

자기계발로 읽는 '생존철학'

성장의 한계

지은이 **이영직**

펴낸이 **이종록** 펴낸곳 **스마트비즈니스**

스태프 **이지혜, 김송이**

등록번호 제 313-2005-00129호 등록일 2005년 6월 18일

주소 서울시 마포구 성산동 293-1 201호

전화 02-336-1254 팩스 02-336-1257

이메일 smartbiz@sbpub.net

ISBN 978-89-92124-96-6 03320

초판 1쇄 발행 2012년 8월 20일

자기계발로 읽는 '생존철학'

성장의 한계

이영직 지음

Sb
smart business

한 시대의 성장 동력이
다음 시대 발전의 발목을 잡는다!

2012년은 지구촌의 위기를 경고한 로마클럽의 보고서 〈성장의 한계〉가 나온 지 40년이 되는 해이다. 1972년에 나온 이 보고서는 인류가 '지금'(당시)과 같은 삶의 방식을 고집하는 한 인류 문명은 100년밖에 존속하지 못한다는 경고였다. 이 보고서가 나왔던 당시 세계는 1, 2차 세계대전을 거쳤고 이데올로기 대립은 있었지만 자본주의 사회가 본격적인 성장가도를 달리던 때여서 그 당시 많은 사람들은 이를 충격적으로 받아들였다.

로마클럽이 인류를 위협하는 요인으로 지적한 부분은 과잉인구, 환경오염, 자원고갈, 식량부족 등이었다. 이 문제들은 어느 것 하나를 해결하려면 다른 부분이 훼손시켜야 하는 상호의존적 관계로 얽혀 있어서 문제 해결을 더 어렵게 만든다고 분석했다.

식량의 증산을 위해서는 더 많은 삼림을 파헤쳐야 하고 더 많은 비료와 농약을 사용해야 한다. 이는 다시 환경을 해치게 되어 결국에는 사람이 살 수 없는 환경을 만든다. 늘어나는 인구를 먹여 살리기 위해서는 더 많은 투자를 해야 하지만 이는 다시 자원고갈을 앞당기게 된다.

그러다가 어느 한 분야에서 결정적인 문제가 불거져 심각성을 깨닫는 순간 그때는 이미 이의 해결을 위한 시간이 늦었다는 것이다.

로마클럽의 보고서는 인류 전체를 하나의 개체군으로 보는 안목을 제공해주었다. 지구상에는 수많은 종의 생명체들이 명멸했다. 생물학자들은 종 전체(개체군)의 평균수명을 대략 500만 년 정도로 보고 있다. 파충류나 공룡처럼 수억 년 동안 생존했던 종이 있는가 하면 불과 몇 만 년을 넘기지 못하고 사라진 종도 많았다. 이 책에서는 인류도 예외가 아니라는 사실을 다시 지적하고 싶었다.

이 책을 아우르고 있는 주요 개념 중 하나는 되먹임 함수negative feed back이다. 되먹임 함수는 특정 종의 개체군이 성장하면 할수록 개체군 전체의 성장을 억제하는 요인으로 작용하게 된다. 여기서 인류도 예외가 아니라는 것이다.

먹이만 가지고 보자. 먹이가 한정된 공간에 개체수가 빠르게 늘어나면 개체 단위당 먹이 역시 빠르게 줄어든다. 늘어난 개체들은 한정된 먹이를 두고 싸우다 죽거나 굶주림으로 죽어가야 한다. 특히 되먹임 함수에서는 특정 개체군의 성장이 갑자기 빨라지는 시점이 오히려 위험하다는 것을 보여주고 있다. 지금의 인류가 그러하다.

인류가 지구상에 타나난 이후 수십만 년 동안 아주 천천히 성장했지만 19세기를 거쳐 20세기에 접어들면서 가파르게 지수함수적인 성장을 이룩했다. 20세기 초반만 해도 16억 5천만 명이었던 지구촌 인구는 20세기가 끝날 무렵에는 70억에 육박했다. 100년 만에 4배 이상 증가한 것이다.

이는 곧 인류의 재앙이 멀지 않았음을 의미하며 그것은 머지않은 미래에 전쟁, 기근, 질병, 환경재앙 등을 피할 수 없다는 의미이다. 지금도 지구촌 인구 10억 명이 절대 빈곤에 놓여 있다.

이 책은 성장의 한계를 지구촌, 문명, 제국, 자본주의와 민주주의, 기업으로 나누어 보았다. 지구촌의 인류뿐 아니라 인류가 만들어낸 문명과 이를 지탱하기 위한 모든 시스템도 한계를 지니고 있다는 것을 지적하기 위해서다. 그 한계는 대부분 초기의 성장을 가능하게 했던 강점이 성장 후기에는 오히려 약점이 되어 결국 한계에 부딪힌다는 점이다.

한 시대를 발전시켰던 동력이 다음 시대 발전의 발목을 잡는 꼴이다. 이는 지금까지 인류가 옳다고 생각했던 거의 모든 것들이 한계에 직면하고 있다는 의미가 된다.

사람의 성공도 마찬가지다. 인생 전체로 보았을 때 분명 사람에게도 성장의 한계가 있다. 지구촌, 문명, 제국, 자본주의와 민주주의, 기업에 대한 성장의 한계를 자기계발적인 시각으로 접근한다면 새로운 세계관과 깨우침을 얻을 수 있을 것이다. 예를 들면 사람의 성장 단계에 도사리고 있는 특이점과 변곡점의 위기를 극복할 수 있는 지혜를 이 책을 통해 얻을 수 있을 거라는 이야기다.

　또 이 책은 로마클럽의 보고서 〈성장의 한계〉를 가장 쉽고 빠르게 이해할 수 있는 지침서이다. 한 번 읽으면 '사회과학 책'이겠지만 다시 한 번 읽으면 자기계발을 위한 '경영학 책'으로 읽을 수 있다.

　이 책에서 말하는 성장의 한계를 새로운 스트레스, 새로운 충격으로 받아들여 개인과 인류가 부딪힌 '스티킹 포인트'를 뛰어넘는 작은 계기가 되었으면 하는 바람이다.

2012년 한여름에
이영직 씀

차례

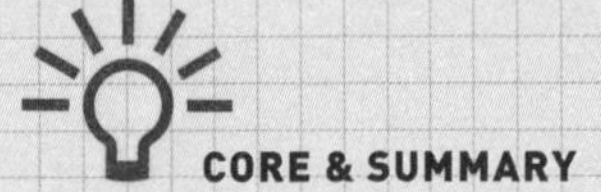

인류 지구촌의 한계

사람들은 인간을 만물의 영장이라고 부르며 다른 생명체들과는 확연히 다른 존재라고 생각한다. 동물과는 달리 인간은 뛰어난 지능과 지혜를 가졌다는 것이다. 그러나 인간의 지능은 대부분 자연을 파괴하고 전쟁 무기를 만드는 일에 동원되었으며 인간의 지혜는 한 세대 이후를 위한 결정도 하기가 어렵다. 기껏해야 단기적으로 이기적인 욕심을 채울 정도의 지혜밖에 갖지 못했다.

인간이 진정으로 지혜롭다면 나와 너의 이익이 첨예하게 대립할 때 전체의 이익을 위한 결정을 내릴 수 있어야 하고, 단기적인 이익과 장기적인 이익이 대립할 때 장기적인 이익을 선택할 수 있어야 하며, 서로가 죽고 죽이다가 결국은 모두가 공멸하는 전쟁을 멈출 수 있어야 한다.

그러나 지금의 인류는 그렇지 못하다. 인간의 지혜로는 기껏 핵탄두 몇 개씩을 감축하자는 합의 정도밖에 도출할 수가 없다. 인간도 지구촌에 잠시 머물다가 사라지는 평범한 생물종種의 하나에 불과하다.

지구는 지금까지 다섯 번의 대멸종을 겪었다. 그때마다 가장 먼저 멸종한 것은 최후 포식자들이었다. 해양 생물이 그러했고 공룡이 그러했다. 만약 여섯 번째 대멸종이 시작된다면 인류가 가장 먼저 사라질 것이라는 이야기다.

자연계가 추구하는 기본 질서는 '평형'이다. 평형상태에서 어느 한 쪽에 균형이 깨지면 자연계는 평형을 회복하는 방향으로 움직인다. 지금까지 인류가 한 일은 지구촌의 균형을 깨뜨리는 일뿐이었다. 이제 지구의 여신 가이아는 일그러진 평형을 회복하기 위해 본격적으로 움직이기 시작했다. 이것이 일부 학자들이 지적하는 '가이아의 복수'이다.

지구온난화를 보자. 과도한 삼림파괴와 화석연료의 사용으로 산소와 이산화탄소의 균형이 깨지면서 지구는 점점 더워지고 있다. 전문가들은 지구의 평균 기온이 5°C 상승하면 인류는 5천 5백만 년 전으로 돌아가야 하고, 6°C 상승하면 2억 5천만 년 전의 환경으로 돌아가야 한다고 지적하고 있다. 인간이 스스로 절제하지 못하면 지구의 여신 가이아가 나설 수밖에 없다는 것이다.

되먹임 함수의 개념을 빌리면 특정 개체군의 성장이 갑자기 빨라지는 시점이 오히려 가장 위험하다. 지구촌 인구는 18세기까지는 아주 천천히 증가하다가 19~20세기에 들어서면서 가파르게 증가했다. 이는 재앙이 그리 멀지 않다는 의미로 해석된다.

과다한 인구는 굶주림으로 인한 인구의 감소, 남은 식량을 차지하기 위한 전쟁, 늘어난 인구를 먹여 살리기 위한 자연파괴, 거대한 개체군인 인간을 서식지로 삼는 무서운 질병의 창궐 등으로 이어진다. 매년 기상이변과 인간에게 치명적인 바이러스들이 새롭게 등장하는 것도 한계가 가까웠음을 의미한다.

지금 인류는 인구문제, 식량문제, 자원문제, 환경문제의 한계에 도달해 있다. 그 한계의 심각성을 지적한 것이 로마클럽의 보고서 〈성장의 한계〉였다. 이 문제들은 서로가 서로의 발목을 잡고 있다. 로마클럽의 보고서가 지적하는 좀 더 심각한 문제는 인류는 위기가 코앞에 닥치기 전까지는 심각성을 깨닫지 못하고, 위기를 실감했을 때는 이미 회복이 불가능한 시점이라는 것이다. 이것이 인간의 한계이다.

우리는 이스터 섬의 비극을 알고 있다. 그 섬이 번성했을 당시의 주민들도 자신들의 행동이 결국은 비극으로 이어진다는 것을 어렴풋하게나마 알았을 것이다. 그러나 멈추지 못했다. 우리가 살고 있는 지구촌도 이 섬보다 조금 더 규모가 클 뿐, 지금의 생활방식을 고수하는 한 인류가 산업혁명 이전의 상태로 돌아가는 것은 시간문제이다. 로마 클럽의 지적대로 인류는 위기가 코앞에 닥치기 전에는 위기를 실감하지 못하고 위기를 깨달았을 때는 이미 늦을 것이다.

인류의 미래를 성찰하는 자세가 필요한 시점이다.

part 1

인류 지구촌의 한계

"하루에 2배씩 면적을 넓혀 가는 수련이 있다. 29일째 되는 날 수련이 연못의 절반을 덮었다. 연못을 모두 덮기까지는 며칠이 남았을까?"

"29일?"

"아니다. 남은 시간은 단 하루뿐이다."

이 이야기는 1972년에 로마클럽이 발표한 〈성장의 한계〉라는 보고서의 마지막 결론 부분이다. 지구촌의 위기를 연못의 수련에 비유한 것이다. 지구촌의 종말이 하루밖에 남지 않았는데도 인류는 아직 29일이나 남은 것처럼 위기의 심각성을 깨닫지 못한다는 내용이었다.

'성장의 한계'라는 용어를 처음 사용한 것도 로마클럽이었다. 지구촌 인구가 지금의 속도로 증가하고 자원소비와 환경오염이 지금의 속도로 진행된다면 지구는 '100년 이내'에 한계에 도달할 것으로 전망했다. 이 보고서가 나왔을 때가 1972년이었으니 2072년이면 로마클럽이 경고한 한계에 도달하는 시기이다.

지구촌의 위기를 가장 먼저 경고한 사람은 영국의 경제학자 맬서스였다. 맬서스는 로마클럽의 보고서보다 174년 앞선 1798년에 자신의 저서 《인구론》에서 지구촌의 인구 위기를 경고하면서 이렇게 적고 있다.

인간이 끊임없이 사회적 행복을 추구하는 것은 인구가 언제나 생산증가를 앞지르는 것을 감안할 때 헛된 것일 수밖에 없다. 인구는 억제하지 않으면 기하급수적으로 증가하나 식량은 산술급수적으로만 증가한다. 언젠가 인구는 생존의 한계까지 늘어난 다음 기근, 전쟁, 질병으로 팽창을 멈추게 된다.

그는 인구증가와 식량증가를 토끼와 거북이의 달리기에 비유하면서 머지않아 지구촌 인구는 식량이 감당할 수 있는 수준을 훌쩍 뛰어넘을 것이라고 진단했다. 그렇게 되면 인류는 모자라는 식량을 위해 치열한 싸움을 벌일 수밖에 없고, 여기에서 식량의 수용한계 밖에 있는 인구는 심각한 기아와 질병에 직면하게 되리라는 예언이었다. 그는 인구 억제를 위해서는 강제적인 피임도 필요하다고 역설했다. 그런 그가 결혼하자마자 자녀를 셋씩이나 낳아 사람들의 구설에 오르기도 했다.

맬서스가 살던 때는 정치적으로나 경제적으로 상당히 안정된 시기였다. 1688년에 일어난 명예혁명으로 영국인들은 전제군주의 통치에서 벗어나 시민사회로 나아가고 있었고, 경제적으로는 산업혁명으로 자본주의가 막 꽃망울을 터뜨리는 시점이었다. 이 시기에 나온 경제학의 아버지 애덤 스미스의 《국부론》은 자본주의의 든든한 이론적 기반이 되었고 인류의 미래는 온통 장밋빛으로 물들어 있었다.

유토피아 사상이 싹트기 시작한 것도 이 무렵이었다. 정치 철학자 윌리엄 고드윈은 장밋빛에서 한발 더 나아가 인간이 점점 더 완벽해지면서 모든 악이 사라지고 세상은 유토피아가 될 것이라고 생각했다. 심지어 미래에는 죽음도 없을 거라는 주장을 하기도 했다. 그런 시기에 맬서스가 나타나 인류의 위기를 경고한 것이다.

맬서스가 지구촌의 위기를 예언했다는 점에서는 선각자였지만 그의 예언은 엉터리가 되고 말았다. 그가 인구론을 쓸 당시인 1798년의 지구촌 인구는 고작 8억 명 정도였고 그가 예측한 지구촌의 수용한계는 20억 명 정도였다. 그러나 2011년 10월 31일을 기점으로 지구촌의 인구시계는 70억 명을 돌파했으니 그의 예측은 틀려도 한참 틀렸다.

그의 예언을 빗나가게 한 가장 큰 원인은 농업혁명과 의료기술의 발달이었다. 비료의 발명과 농업 기계화로 농업 생산력은 한동안 인구증가를 앞질렀다. 또 의료기술의 발달로 영, 유아 사망률이 줄어들었고 평균수명도 획기적으로 늘어났다. 지금 우리나라를 포함하여 일부 선진국들은 인구감소를 걱정하고 있으니 맬서스가 깨어난다면 할 말을 잃을지도 모르겠다.

그러나 다른 한편으로는 지금도 지구촌 인구 10억 명이 굶주리고 있으며 70억이 먹고 살기 위해서는 더 많은 자원을 소비해야 하고 매년 남한 크기 면적의 밀림을 베어내야 한다. 지구촌 인구는 지금도 과잉이며 20세기와 같은 인구폭발은 막아야 한다는 것을 대부분의 사람들이 공감하고 있는 사실이다. 그러나 중국 등 몇 나라를 제외하고는 모두가 '남의 일'로 보고 있다.

선진국들과 우리나라에서는 인구감소를 걱정하고 있다. 이는 기업의 입장에서 보면 소비자가 줄어들기 때문이다. 군사적인 측면에서도 문제가 없지는 않을 것이다. 자본주의 입장에서 보면 인구는 노동력이며 동시에 소비자일 뿐이다. 이것이 자본주의의 두 얼굴이다. 인구증가는 식량문제와 환경문제로 이어지기 때문에 지구촌의 수용 능력은 점점 더 좁아지게 되어 결국 한계에 직면하게 된다.

경제의 성장을 위해서는 인구증가가 필요하지만 인구증가는 장기적으로 경제의 성장을 억제하는 요인으로 작용하게 된다. 이것이 역설이다. 전문가들에 의하면 세계 경제가 1% 성장하면 하루 평균 40~50만 배럴의 석유 수요가 추가로 발생한다. 5% 성장한다면 하루 평균 200만 배럴 이상의 수요가 증가한다는 계산이 된다. 이는 석유자원의 고갈도 고갈이지만 그에 비례하여 환경도 악화되어야 한다는 의미가 된다.

인구는 식량의 종속변수이다. 식량생산이 증가하면 반드시 인구도 늘어난다. 지구촌 인구가 5억을 돌파한 16세기 초반에는 농업생산이 전 유럽으로 확대되었고 10억을 돌파한 19세기 초반에는 영양이 풍부한 감자가 유럽 전역에 보급되었다. 20억을 돌파한 20세기에는 본격적인 과학영농이 보급되고 무기질 비료가 등장했다. 30억을 돌파하던 20세기 중반에는 본격적인 기계농업 기술이 보급되기 시작했으며 가장 결정적으로는 질소비료가 등장하여 농업 생산성이 획기적으로 늘어났다.

그러나 반대로 식량은 인구에 대해 독립변수이다. 인구가 늘어난다 해서 식량이 저절로 증가하지는 않는다. 식량을 늘리기 위해서는 더 많은 삼림을 베어내거나 더 많은 농약과 화학비료를 사용하여 자연을 파괴해야 한다. 이것은 곧 인구를 억제하는 요인으로 작용하게 된다.

• • •

1968년 이탈리아의 실업가 아우렐리오 페체이와 영국의 과학자 알렉산더 킹 두 사람이 인류의 미래를 논의하기 위한 기구를 창설하자고 제의했다. 여기에 관심을 가진 유럽의 학자, 기업인 36명이 로마에서 첫 회의를 열어 인류가 당면한 여러 문제들을 논의했다. 로마클럽이라는 이름은 거기서 비롯된 것이다. 여기서 논의된 주제들은 인구문제를 포함하여 투자, 자원, 환경, 식량 등의 분야로 모두가 지구촌이 당면한 과제들이었다.

로마클럽은 논의의 결과를 계량화하기 위해 미국 MIT 대학 시스템 다이내믹스 연구소 메도우스 교수팀에 정량적인 분석을 의뢰했다. 분석팀은 인구증가, 공업생산, 식량생산, 환경오염, 자원고갈 다섯 분야에 대해 1900년부터 1970년까지의 자료를 가지고 2100년까지의 추이를 예측하는 모델을 완성했다.

로마클럽은 이 분석 모델을 가지고 1972년에 〈성장의 한계〉라는 제목의 보고서를 발간했다. 보고서의 핵심은 빠른 인구증가로 인해 부존자원이 기하급수적으로 감소하고 있어 머지않은 장래에 증가하는 인구를 지탱할 수 없을 거라는 비관적인 보고서를 내놓았다. 마치 18세기의 맬서스가 살아나서 인류의 위기를 다시 한 번 경고하는 듯하다.

여기서 제기된 주요 내용은 다음과 같다.

이 보고서가 나왔던 1972년 당시에는 지구촌 경제가 성장 가도를 달리던 때여서 많은 사람들은 이를 충격적으로 받아들였다. 우연의 일치였을까, 이 보고서가 나온 이듬해에 1차 석유 위기가 터졌다. 그러자 많은 사람들이 보고서에 관심을 가지게 되었고, 이 보고서는 37개국의 언어로 번역되어 1,200만 부가 팔리는 진기록을 세웠다.

그러나 이 보고서에 대한 비판적인 시각도 만만치 않았다. 보고서에서는 가장 먼저 고갈될 자원으로 동선의 재료가 되는 구리를 꼽았으나 구리보다 성능이 뛰어난 광섬유가 등장하면서 틀린 예측이 되고 말았다. 인류의 미래에 대해 낙관적인 시각을 가지고 있는 사람들은 비록 인류가 많은 문제를 가지고는 있다고 해도 인간의 지혜는 인류가 당면하는 문제들을 충분히 해결할 수 있을 것으로 믿었다.

이보다 좀 더 심각한 문제점은 로마클럽에서 주장하는 해결책이 대부분 개발도상국들의 몫이라는 점에 있다. 바람직한 해결책은 지구촌 모두가 인구증가를 억제하고 자원 낭비적인 생산방식을 바꾸고, 화석연료의 사용을 줄이고, 친환경적인 삶을 살아야 하지만 그것은 대부분 개발도상국들만의 '의무'라는 것이다.

사실 지구환경을 오염시킨 주범은 모두 개발을 완료한 선진국들이기 때문이다. 개발도상국들에게 탄산가스를 내뿜는 공장을 짓지 말라고 하기 이전에 선진국의 자동차 운행부터 줄여야 한다는 지적인 것이다.

. . .

사람이 없는 무인도에 들쥐들이 살고 있다. 무인도의 들쥐나 지구촌의 인류나 한정된 공간을 벗어날 수 없다는 점에서는 마찬가지다. 태양계 전체로 본다면 지구는 무인도보다 조금 더 큰 섬에 불과하다.

무인도에 들쥐 10마리(5쌍)가 살고 있다. 이들의 개체수가 매년 2배씩 증가한다고 하면 개체수는 얼마까지 증가할 수 있을까?

실제로 쥐들은 번식력이 매우 강하다. 들쥐는 한 번에 여러 마리의 새끼를 낳으며 임신주기는 18일 내외, 태어난 지 100여 일이 지나면 다시 새끼를 가질 수 있다.

이들의 개체수가 매년 2배로 성장한다면 20, 40, 80, 160마리로 늘어나 n년 후의 개체수는 n^2마리로 늘어나게 될 것이다. 이들의 개체수 증가를 그래프로 그리면 가파른 'J 커브'를 그리면서 기하급수적으로 늘어난다. 이러한 패턴을 인구학자 맬서스의 이름을 따서 '맬서스적 성장'이라고 부른다.

1년 후: 1^2

2년 후: 2^2

3년 후: 3^2

·

·

n년 후: n^2

: 자연계의 기본 질서 :

모든 생명체는 태어나서 자라고 한동안의 성숙기를 거쳐 서서히 소멸해간다. 그리고 생명이 끝나기 전에 가능한 한 자신의 유전인자를 많이 퍼트리기 위해 본능적인 노력을 계속한다.

사회생물학자 윌슨에 의하면 모든 생명체는 생식을 통한 자신의 유전자를 가능하면 많이 후대에 전달하는 기회를 극대화하는 방식으로 진화한다고 말한다. 그러나 어떤 생명체도 개체수가 무한정으로 증가하지는 못한다. 우선 먹이가 한정되어 있기 때문이다. 먹이는 장기적으로는 늘어나고 줄어들 수 있지만 단기적으로는 비탄력적이다. 따라서 개체수가 늘어날수록 개체 단위당 먹이는 줄어들게 된다.

Y축에 개체수, X축에 시간을 놓으면 시간이 지날수록 개체수는 우상향 곡선을 그리며 늘어나는 반면 개체 단위당 먹이의 양은 우하향 곡선을 그리게 된다. 그리하여 이 두 직선을 필히 만나게 되고, 두 직선이 만나는 점에서 개체수 증가는 멈추게 된다.

여기에 환경과 천적이 다시 변수로 작용한다. 특정 종의 개체수가 늘어나면 늘어날수록 환경이나 천적은 개체수 증가를 억제하는 요인으로 작용하게 된다. 그리하여 주위 환경과 적절한 균형을 이루는 시점에서 멈춘다.

모든 생명체는 시작과 끝이 있다. 생물학자들에 의하면 생명체는 엄격한 기준은 아니나 대략 다음과 같은 5가지 특징을 가진다. 이 중 한 가지만 없어도 생명체는 살아남지 못한다.

하나, 고도의 질서 체계를 가지고 있다.

둘, 에너지를 사용하고 물질대사를 한다.

이 중 물질대사를 보자. 물질대사를 하기 위해서는 주위 환경으로부터 물질과 에너지를 주고받을 수 있는 열린계여야 한다. 식물은 외부로부터 태양 에너지와 CO를 흡수하고 뿌리에서 물을 빨아들여 탄소동화작용을 통해 영양분을 합성한다. 반면 동물은 식물이나 다른 동물들이 섭취한 에너지를 다시 섭취하여 물질대사를 한다. 식물이나 동물은 외부로부터 물질과 에너지 모두를 주고받을 수 있는 열린계이다.

지구촌의 진정한 생산자는 식물뿐이다. 식물이 사라지면 어떤 동물도 살아남지 못한다.

반면 물질 교환은 불가하나 에너지만 교환할 수 있는 경우를 닫힌계라고 한다. 지구는 외부와 물질은 교환할 수 없으나 에너지는 교환할 수 있는 닫힌계이다. 그러나 에너지의 측면만을 보면 열린계이다.

물질과 에너지 모두를 외부와 교환할 수 없는 고립계는 상상 속에서는 가능하지만 실제로는 존재할 수 없는 모델이다. 닫힌계는 생명체가 아니거나 죽은 생명체이다.

모든 에너지는 높은 곳에서 낮은 곳으로 흘러가 마침내 흐름을 멈춘다. 산에 떨어진 빗방울은 계곡을 타고 흘러 개울을 이루고, 개울이 개울을 만나 샛강을 이루다가, 샛강과 샛강이 만나 큰 강이 되어 바다로 흐른다. 계곡을 흐르는 물은 빠른 속도를 내지만 강으로 가면 흐름이 완만해지다가 바다에 이르면 마침내 흐름을 멈춘다. 이것이 에너지의 죽음이다.

계곡이나 강을 흐르는 물은 물레방아를 돌릴 수 있지만 바다에 이른 물은 더 이상 물레방아를 돌릴 수가 없다. 석탄으로 증기기관을 돌리고 석유로 자동차를 운행하고 나면 더 이상 쓸모없는 형태로 변한다. 이처럼 모든 에너지는 사용할 수 있는 형태에서 사용할 수 없는 형태로, 질서에서 무질서를 향해 나아간다. 이것이 열역학 제2법칙에서 말하는 '엔트로피의 법칙'이다.

엔트로피 법칙의 유일한 예외는 '생명현상'이다. 생명현상을 열역학적인 측면에서만 보면 엔트로피를 낮추어가는 현상이다. 생명체는 어떤 형태로든 외부로부터 에너지와 물질을 섭취하여 엔트로피를 낮추어 간다.

에너지의 유입이 멈추면 생명체는 죽음에 이르게 된다. 또 생명을 유지하고 성장하기 위해서는 외부에서 유입되는 에너지가 내부에서 사용하는 에너지보다 많아야 한다. 사용하는 에너지가 더 많으면 서서히 소멸을 맞는다. 생명체뿐 아니라 문명, 국가, 사회, 기업도 마찬가지다.

자연계가 추구하는 기본질서는 평형이다. 일단 평형이 이루어지면 언제까지나 그 상태를 유지하려는 것이 자연계의 속성이다. 이를 뉴턴의 운동법칙 중 관성의 법칙으로 설명할 수도 있을 것이다.

평형상태를 이루고 있는 계에 외부 에너지가 가해지면 자연계는 그 외부 에너지의 충격을 흡수하는 방향으로 움직이면서 새로운 평형을 이루어낸다. 이러한 법칙은 프랑스의 화학자 르샤틀리에가 발견하여 '르샤틀리에의 법칙' 혹은 '평형이동의 법칙'이라고 부른다.

물에 열을 가하면 물은 증기로 변하면서 g당 539.8cal의 열을 흡수하는 반면 열을 빼앗으면 얼음으로 변하면서 g당 80cal의 열을 방출한다. 그래서 눈 내리는 겨울날은 오히려 따뜻하게 느껴지고 얼음이 녹는 이른 봄이 가장 춥게 느껴지는 것이다.

잔잔한 바다에 바람이 불면 파도가 일어난다. 이는 바람의 충격을 흡수하기 위한 바다의 반작용인 셈이다. 바다에 배가 뜰 수 있는 원리는 아르키메데스가 발견한 부력 때문이다. 부력이 발생하는 원인 역시 수면이 평형을 이루기 위해 배를 밀어 올리기 때문이다.

대기 중의 이산화탄소가 증가하면 지구가 뜨거워진다. 그러면 뜨거워진 지구는 식물의 성장을 촉진시켜 일산화탄소를 흡수하고 산소를 배출한다. 지구온난화란 지구의 이산화탄소 조절 시스템인 셈이다.

한때 우리나라 하천의 생태계를 혼란시키는 주범으로 황소개구리가 지목된 적이 있었다. 황소개구리는 가난했던 1970년대 초반 식용으로 미국에서 들여왔으나 이 사업이 여의치 않자 이들을 하천에 방류한 것이 발단이 되었다.

이들은 우리나라 토종 개구리보다 덩치가 몇 배나 크고 번식력도 높아서 개체수가 빠르게 증가했다. 이렇게 빠르게 늘어난 황소개구리들은 우리나라 하천을 점령하고 토종 물고기들을 닥치는 대로 먹어치웠다. 황소개구리의 배 속에서는 토종 물고기들은 물론 거미, 곤충, 심지어 뱀까지 나왔다. 우리의 토종 물고기가 멸종할 거라는 우려까지 있었다.

외환위기 직후인 1998년, 실업자들이 거리로 쏟아져 나오자 정부에서는 임시방편으로 공공근로사업을 확대했다. 길가의 쓰레기를 줍고, 산불을 감시하고, 공원의 풀 뽑기 등이 주로 이들이 하는 일이었다. 그때 환경부의 요청으로 새로운 사업 하나가 추가되었다. 황소개구리 잡기 사업이었다. 사태가 심각해지자 학생들에게는 황소개구리를 잡아 오면 봉사활동으로 인정해줄 정도였다.

평형을 유지하고 있는 생태계에 외래종이라는 '충격'이 가해지면 새로운 평형을 이룰 때까지 반드시 진동이 일어난다. 그러나 생태계가 수용할 수 있는 충격은 시간이 지나면 평형을 회복하지만 임계치를 넘는 충격은 다시는 평형을 회복하지 못하고 그 상태가 새로운 균형이 된다.

균형을 회복할 수 있느냐 없느냐 하는 것은 생태계에 얼마나 다양한 생명체들이 살고 있느냐 하는 문제로 귀결된다. 생태계에 황소개구리의 먹이만 존재한다면 황소개구리는 먹이를 소진할 때까지 개체수가 늘어날 것이다. 그러나 생태계가 다양성을 유지하고 있다면 그 이전에 새로운 평형을 이루어낸다.

근래에 들어 황소개구리 소식이 뉴스에서 뜸하다 싶더니 개체수가 빠르게 줄어들고 있다는 소식이다. 강원도와 수도권에서는 거의 자취를 감추었고 이들의 무대였던 전남, 경남 일부 지역에서도 개체수가 현저하게 줄어들었다. 이러다가 황소개구리도 보호해야 하는 것 아니냐는 농담이 나올 정도이다.

이들의 개체수가 급감한 원인에 대해 전문가들에 의하면 먹이의 부족과 근친교배로 인한 종의 퇴화, 그리고 천적의 등장 때문이라고 한다.

1. 처음 황소개구리가 하천에 방류되었을 때는 토종 어종들을 닥치는 대로 먹었으나 우리나라처럼 좁은 하천에서는 먹이가 한정되어 있어 개체수 증가를 따를 수 없게 되었다.

2. 근친교배로 인해 종이 퇴화하여 환경 적응력 및 생존능력이 떨어졌다는 점이다. 실제로 유전자 서열이 일치하는 지역에서는 서식 밀도가 크게 떨어지는 반면 유전자 서열에서 차이가 나는 지역에서는 상대적으로 서식 밀도가 높은 것으로 조사되고 있다.

이처럼 다양한 먹이와 다양한 천적들이 함께 어울려 있는 생태계가 건강한 생태계이다. 황소개구리를 물리칠 수 있다는 것은 우리의 하천 생태계가 아직은 그만큼 건강하다는 이야기가 된다. 생태계가 다양성을 유지하고 있으면 먹이만 있는 게 아니라 천적도 동시에 존재할 것이기 때문에 양측 모두 적정 수준의 개체수를 유지할 수 있게 된다.

모든 생명체는 성장이 빠를수록 수명이 짧고 성장이 느릴수록 수명이 길다. 말이나 소는 태어나서 몇 시간이면 걸을 수 있고 1, 2년이면 번식기를 맞을 정도로 성장이 빠르지만 수명이 짧다. 반면 사람은 사춘기를 맞기까지 12년, 성장을 마치기까지 20년이 넘게 걸린다. 포유류 동물의 수명은 성장기간에서 6, 7을 곱한 기간이다. 그러면 인간의 자연수명은 120세가 가능하다는 이야기가 된다.

이는 개체군 전체에 대해서도 유효하다. 생태계에서는 개체수 증가가 빠르면 소멸도 빠르고 개체수 증가가 느리면 소멸도 느리다.

황소개구리처럼 빠르게 개체수가 늘어난 종은 소멸 역시 빠르다는 것이다. 앞으로 황소개구리의 개체수는 좁은 범위 내에서 증감을 반복하는 선에서 멈출 것으로 예측된다.

종의 건강은 다양성에 있다. 특정 종의 DNA가 모두 획일화된다면 그 개체군은 조그만 외부의 충격에도 치명적이다. 특히 좁은 영역, 유사한 환경에서 유전인자가 단순화된 개체군은 먹이, 질병, 기후변화, 천적 등으로부터 자유롭지 못하다.

기업으로 본다면 특정 기술 하나에만 매달리는 것과 같은 형국이다. 이런 기업은 기술 패러다임이 바뀌는 순간 기업의 생명은 그 순간 종료된다.

• • •

1847년 아일랜드에서 발생한 대기근은 감자 마름병 때문에 생긴 것이었다. 감자는 남미에서 도입된 먹을거리로 유럽인들의 식량난 해결에 크게 기여한 농작물이다. 17세기 이후 유럽 인구가 크게 늘어난 것도 감자 때문이라고 한다.

농작물의 품종을 고를 때는 병충해, 가뭄, 냉해에도 강하고 수확이 많은 것을 고르게 마련이다. 그러나 어떤 품종도 모든 조건을 다 갖출 수는 없다.

당시 아일랜드에서 기르던 감자는 '럼퍼'라는 종으로, 이 종은 수확은 많으나 감자 마름병에는 특히 약한 종이었다. 감자 마름병이 아일랜드를 덮치자 유례없는 기근이 들었다. 그로 인해 100만 명이 굶어 죽고 300만 명이 미국 등지로 이주하는 바람에 인구가 절반으로 줄어들었다.

2010년 우리나라에서 발생한 구제역으로 살처분된 가축의 수는 모두 300만 마리였다. 이 역시 종의 획일화 때문에 발생한 재난이었다. 농가마다 사료를 조금만 먹고도 발육이 좋은 종을 기르다 보니 종이 모두 획일화된 상태였다. 그러자 단 한 번의 전염병으로 화를 당한 것이다. 종이 다양하게 존재했다면 그 정도로 큰 피해는 입지 않았을 거라는 이야기다.

사람의 면역체계가 모두 동일하다고 하면 어떤 일이 일어날까? 라틴아메리카는 절대다수의 사람들이 'O'형의 피를 가지고 있다. 과테말라, 볼리비아, 니카라과, 페루 등이 그러하며 그중에서도 과테말라 사람들은 95%가 'O'형이다(참고로 우리나라는 A형 34.5%, B형 27.1%, O형 27%, AB형 11.4%로 고르게 분포되어 있다).

학자들은 남미에 특히 O형이 많은 이유에 대해 유럽과의 접촉 초기에 이들에 의해 성병이 전염되면서 성병에 특히 약한 A형과 B형 원주민들이 대부분 사라지고 O형만 남아 있기 때문이라고 말한다.

그러나 그렇게 살아남은 O형도 스페인 군대가 잉카문명의 중심지인 마추픽추로 쳐들어갔을 때 이들에 의해 천연두가 퍼지면서 총칼을 쓰기도 전에 대부분의 주민들이 사라졌다. 이는 O형이 특히 천연두에 약하기 때문이라고 한다.

중세의 흑사병을 보자. 중앙아시아에 서식하던 쥐들이 몽골군의 이동로를 따라 혹은 무역선을 따라 유럽으로 옮겨가면서 흑사병이 전 유럽을 강타했다. 이로 인해 유럽 인구의 $\frac{1}{3}$이 죽었다. 초원의 쥐들이 옮긴 이 흑사병은 초원에서 쥐들과 함께 살아가던 유목민들에게는 별것 아닌 병이었지만 유럽처럼 비교적 좁은 지역, 획일화된 환경에서 사는 사람들에게는 치명적이었다. 유전형질이 단순해진 결과였다.

대부분의 생명체들은 실제로 살아남는 것보다 훨씬 더 많은 수의 알이나 새끼를 낳는다. 일반적으로 하등 생명체일수록 번식률이 높고 고등 생명체일수록 번식률이 낮다. 또 천적이 많을수록 많은 알이나 새끼를 낳는다. 모기는 암컷 한 마리가 한여름 동안에 한 번에 500~700개씩, 7회 정도에 걸쳐 알을 낳는다.

그러나 애벌레 시기에는 물고기, 송사리, 미꾸라지의 먹이가 되고 성장한 다음에는 박쥐, 파리매, 잠자리, 거미 등의 먹이가 되어 일부가 살아남지만 번식률이 아주 높기 때문에 종을 유지할 수 있다.

물고기들은 수천 개에서 수만 개의 알을 낳는다. 바닷물고기 개복치는 한 번에 3억 개 정도의 알을 낳는다. 그러나 대부분은 다랑어의 먹이가 되고 성어로 성장하는 수는 그리 많지 않다. 그러나 일단 자란 성어는 20년 정도 장수한다. 반면 고등 동물에 속하는 코끼리는 소수의 새끼를 낳지만 생존율이 높기 때문에 종족을 유지할 수 있는 것이다.

아메리카의 개과 동물인 코요테는 새끼를 낳게 될 때 서식 환경을 감안해서 스스로 새끼 수를 결정한다. 먹이가 충분하면 많은 새끼

를 낳는 반면 먹이가 부족하면 소수의 새끼만 낳는다. 사람도 완전
히 예외는 아니다. 전쟁이 나서 젊은 남자들이 많이 죽고 나면 다음
세대 동안 출산율이 급격히 높아지고 그중에서도 남자의 출생률이
현저하게 높아진다. 그러나 이의 원인은 아직까지 밝혀지지 않고
있다.

2차 세계대전 이후의 세계적인 베이비붐이나 한국전쟁 이후 우리
나라의 베이비붐도 같은 맥락이다. 선진국의 출산율이 낮고 후진국
의 출산율이 높은 것도 이런 맥락이 아닐까 생각된다. 후진국일수
록 영, 유아의 사망률이 높기 때문에 이를 상쇄하기 위해 출생률이
높다는 가설이다.

또 모든 생명체는 공간의 제약을 피할 수 없다. 공간의 제약을 가
장 민감하게 받는 동물로는 일본 잉어의 일종인 코이가 있다. 이들
은 공간에 따라 개체수와 크기가 제한된다. 어항에서는 5~8cm, 큰
수족관에서는 15~25cm, 강물에 방류하면 90~120cm까지 자란
다. 콩도 흙에다 심으면 콩으로 자라지만 콩나물시루에 물만 주면
콩으로 자라지 못하고 콩나물로 자라는 것과 같은 이치이다.

• • •

자연계에는 최후의 포식자인 인간을 제외하면 거의 모두가 먹고
먹히는 관계로 얽혀 있다. 포식자가 사라지면 피식자의 천국이 될
것 같지만 자연 상태에서는 오히려 반대의 결과가 나타난다. 포식

자가 있어야만 건강한 피식자의 개체군이 형성된다는 것이다.

이는 국가, 사회, 기업도 마찬가지다. 우리나라가 세계 역사상 유례없이 빠른 성장을 이룩한 것도 북한이라는 호전적인 집단이 존재하기 때문이라는 것이다. 남북이 대치하고 있는 팽팽한 긴장감이 더욱 강력한 에너지원이 되었다는 이야기다. 구소련이 사라지자 미국이 비틀거리는 것도 강한 적이 사라졌기 때문이 아닐까? 미국이 비틀거리기 시작한 시점이 구소련의 몰락과 절묘하게 일치하기 때문이다.

20세기 초반 미국의 옐로스톤 국립공원에서는 사슴을 보호하기 위해 천적인 늑대를 대대적으로 소탕한 적이 있었다. 늑대가 사라지자 한동안 사슴, 엘크, 순록의 개체수가 빠르게 증가했다.

그러나 어느 정도 시간이 지나자 이들이 풀을 모두 먹어치우는 바람에 사슴의 개체수 역시 빠르게 감소하기 시작했다. 이에 당황한 국립공원 측은 캐나다에서 늑대 30마리를 수입하여 국립공원에 방사함으로써 다시 생태계의 균형을 회복했다.

여기서 짚고 넘어가야 할 것은 늑대의 존재가 오히려 사슴 보호에 도움이 된다는 것이다. 늑대는 걸음이 느린 늙은 사슴이나 병약한 새끼들을 주로 잡아먹기 때문에 오히려 사슴의 개체군을 건강하게 만들어주기 때문이다.

북극에 사는 눈덧신토끼와 이의 포식자인 스라소니의 균형을 보자. 토끼의 개체수가 늘어나면 이를 먹이로 하는 스라소니의 개체수 역시 증가하여 늘어난 토끼의 개체수를 감소시킨다. 그리하여 토끼의 개체수가 줄어들면 스라소니의 개체수도 줄어들어 토끼의 개체수 증가를 도우면서 적절한 균형을 유지하고 있다.

스칸디나비아 반도의 들쥐인 레밍의 개체수 증감은 극적이어서 가족 단위의 보금자리가 많을 때는 수천 개로 늘어났다가 적을 때는 수십 개로 줄어든다. 이런 식의 개체수 증가는 4~5년 단위로 반복된다. 학자들이 조사한 바에 의하면 레밍의 개체수와 이의 천적인 족제비의 개체수는 서로 반비례했다. 즉 레밍의 개체수가 줄어드는 시기는 포식자들의 개체수가 늘어나 포획활동이 활발한 때와 항상 일치한다.

건강한 생태계에서는 피식자가 완전히 사라지지도 않으며 포식자 또한 모두 굶어 죽는 법이 없다. 피식자와 포식자는 일정 시차를 두고 증감을 반복하면서 평형을 이루기 때문이다. 이런 균형 상태에서 포식자와 피식자 간의 균형이 완전히 깨져 임계치를 넘어 버리면 생태계에는 교란이 일어난다.

이처럼 자연계는 언제나 외부의 충격을 흡수하는 방향으로 움직이면서 새로운 평형을 추구하지만 임계치를 넘는 충격이 가해지면 평형이 깨지면서 다시는 평형을 회복하지 못한다. 이것은 생태계의 재앙으로 나타난다.

영국인들이 처음 오스트레일리아에 들어갔을 때 야생토끼는 존재하지 않았다. 1859년, 영국인 토마스 오스틴이라는 사람이 오스트레일리아로 이주하면서 큰 저택을 짓고 농장을 일군 다음 여기에 관상 및 사냥용으로 야생토끼 24마리를 풀어놓았다. 그러자 천적이 없는 오스트레일리아에서 토끼들은 놀라울 정도로 빠르게 번식했다.

토끼는 임신 한 달이면 8~12마리의 새끼를 낳고 곧바로 다시 임신이 가능하다. 태어난 새끼도 3개월이 지나면 임신이 가능할 정도로 성장한다. 이때의 개체수 증가는 가히 기하급수적인 함수가 된다. 이런 강한 번식력 때문에 토끼는 개체수의 70%가 죽어도 1년이면 원래의 개체수를 회복할 수 있다. 자연 상태에서 연간 3배가 넘는 증식속도이다.

이렇게 늘어나기 시작한 토끼들은 남부의 농작물과 목초를 마구잡이로 뜯어먹는 바람에 양들이 굶어 죽을 정도였다. 피해액을 금액으로 따지면 연간 수억 달러나 되었다.

남부에서 개체수가 늘어난 토끼들은 이번에는 사막을 가로질러 넓은 서부지역으로 향하기 시작했다. 그러자 호주 정부는 1902년부터 5년 동안 토끼들의 이동을 막기 위해 1,600km나 되는 울타리를 쳤다. 경부고속도로 4배에 해당되는 거리다. 그러나 토끼들은 그 방어벽마저 뚫어 버리고 서부로 진출했다. 1950년이 되자 토끼의 개체수는 5억 마리로 늘어나 토끼들의 천국이 되어 갔다. 토끼를 들여온 지 100년이 채 안 되는 기간이었다.

다시 여기서 나온 처방이 토끼의 천적인 여우를 풀어놓자는 것이었다. 그러나 여우는 당초의 기대와는 달리 토끼를 잡지 않고 다른 먹잇감을 잡아먹는 바람에 여우들의 개체수도 빠르게 늘어났다. 그러자 이번에는 여우와 토끼의 소탕전이 벌어졌다. 독약과 올가미를 동원하여 여우를 잡고 토끼굴을 찾아 불도저로 밀어 버리는가 하면 토끼굴 속으로 다이너마이트를 던져 넣기도 했다. 그래도 별다른 성과가 나타나지 않았다.

여기서 잠깐, 만약 토끼를 잡지 않고 그대로 놓아 둔다면 어떤 일이 일어날까? 물론 토끼의 개체수는 더욱 늘어나겠지만 결국에는 먹이와 균형을 유지하는 선에서 개체수 증가는 멈추게 될 것이다. 그러나 그렇게 했다가는 양들이 먼저 굶어 죽을 것이고 사람들이 먹을 농작물마저 사라질 것이다.

이번에는 극약처방으로 토끼에게 치명적인 전염병인 '점액종증'이라는 바이러스를 브라질로부터 수입하여 이들에게 퍼뜨렸다. 그러자 이 바이러스에 감염된 토끼의 99.8%가 죽었다. 그것으로 잠시 안심을 하고 있을 무렵 토끼들의 개체수가 다시 늘어나기 시작했다. 바이러스에 대한 면역력이 생겨난 것이다. 치사율이 25%로 떨어지면서 지금은 토끼와 바이러스 간에 절묘한 균형을 이루고 있는 상태이다.

1950년대에 중국에서는 대약진 운동이 벌어지고 있었다. 당시 중국의 최고지도자 마오쩌둥이 농촌을 시찰하던 중 참새 떼들이 알곡을 쪼는 것을 보고는 이렇게 말했다.

"저것은 해로운 새다!"

그 말 한마디에 전 인민이 참새잡이에 동원되었다. 새총이 없는 사람은 징을 울려 참새를 쫓았다. 징도 없는 사람은 세숫대야를 두드려야 했다. 참새가 땅에 내려앉지 못하게 하려는 것이었다. 한편 중국 사회과학원에서는 참새가 농작물에 미치는 영향에 대해 활발하게 연구가 진행되었다.

이의 피해는 곧바로 나타났다. 참새들이 사라지자 이들의 먹이였던 각종 해충들이 창궐하여 중국은 역사에 남을 대흉년을 맞게 되었다. 이로 인해 최소 1천만 명에서 많게는 4천만 명이 굶어 죽었다. 뒤늦게 문제의 심각성을 깨달은 중국 당국은 소련의 연해주에서 참새 20만 마리를 공수해와 들판에 다시 풀어놓았다. 그리고는 이렇게 명령했다.

"참새를 잡는 자는 엄벌에 처한다!"

여기서 지구촌 최후의 포식자 인간을 보자. 먹이사슬의 정점에 있는 인간에게는 천적이 없다. 천적이 없는 지구촌에서 인구는 무한대로 증가할 수 있을 것 같지만 자연계에서 그런 일은 일어나지 않는다.

앞서의 이야기, 르샤틀리에의 법칙으로 돌아가보자. 자연계의 기본질서는 외부의 충격을 감소하는 방향으로 작용하면서 새로운 평형을 만들어낸다. 인구가 적정선을 넘어서면 생태계는 늘어난 인구를 줄이는 방향으로 반응하게 된다.

지구촌을 휩쓸고 있는 각종 재난이나 환경, 생태계 변화도 이런 맥락에서 이해해야 할 것이다.

: 지구촌의 위기, '화석연료 고갈' :

문명을 향한 인류의 첫발은 불을 가짐으로써 시작되었다. 불을 가진 인류는 비로소 동물과 구별되는 인간으로서의 삶을 살 수 있었다. 불로 맹수와 추위를 물리치고, 음식을 익혀 먹고, 청동과 철을 녹여 도구와 무기를 만들 수 있었다. 그것이 청동기문명이었고 철기문명이다. 그리고 석탄은 산업혁명을 일으켰으며 석유는 현대문명을 낳았다.

석유가 발견된 것은 19세기였다. 그리고 그것을 처음으로 산업으로 활용한 사람은 미국의 조지 비셀이라는 사람이다. 그는 석유가 분명이 새로운 에너지원이 될 것이라고 확신하면서 투자가들을 모아 석유를 찾아 나섰다. 그리하여 1년 반 만에 석유를 찾아냈고, 그때부터 석유는 검은 황금이 되었다.

그러나 그때부터 모든 발전소와 공장과 자동차가 석유를 에너지로 사용하게 되면서 20세기는 화려한 석유문명을 일구었다. 20세기 역사는 잉크가 아니라 석유로 기록된 역사라고 말하는 사람들도 있다. 20세기를 좌우한 것이 석유였다는 이야기다. 1, 2차 세계대전과 이란-이라크 전쟁의 발발도 걸프전과 미국이 이라크를 침공한 것도 넓게 보면 모두 석유를 차지하기 위한 전쟁이었다.

석유는 바다 속에 매몰된 바이오 자원이 화석화된 것으로 부존 양에 한계가 있을 수밖에 없다. 석유 전문가들에 의하면 남은 석유의 매장량은 1조 8천억 배럴에서 2조 1천억 배럴 정도라고 한다. 전자라면 2003～4년 사이가 정점이 될 것이고 후자라면 2008년이 정점이 된다.

어느 경우든 석유의 전성시대는 이제 지나갔다는 말이 된다. 이제 언제가 종말이냐 하는 문제만 남아 있는 상태이다. 그 종말이 30년, 50년 이내라는 학자들과 백 년 이상 남았다고 주장하는 학자들의 의견이 갈리고 있다. 어느 경우든 그리 멀지 않은 것만은 확실하다.

1970년대 초반, 1차 오일쇼크가 터지기 전까지만 해도 유가는 배럴당 1.30달러로 저렴한 수준이어서 사람들이 석유의 종말을 별로 의식하지 않았다. 그러나 이제는 100달러를 넘어 200달러를 향해 나아가고 있다. 유가가 이런 추세로 오른다면 석유가 고갈되기 훨씬 이전에 석유문명은 종말을 맞게 될 것이다.

석유가 사라진다면 현대문명은 어떤 모습으로 변할까? 우선 발전소가 문을 닫아야 한다. 전기를 이용하는 모든 문명의 이기들은 쓸모가 없어진다. 자동차도 더 이상 다닐 수 없다. 공장에서 생산하는 모든 상품들도 사라져야 한다. 농기구도 운영을 못하게 되어 곡물 생산도 급감한다. 고기를 잡으러 나갈 배도 움직이지 못한다. 비행기나 전차를 움직일 수 없으니 전쟁도 불가능하다. 우리가 일상생활에서 사용하는 모든 플라스틱 제품도 사라져야 한다.

태양력, 수력, 조력, 풍력, 원자력 등이 대안이 될 수 있겠지만 대체 에너지가 실용화될 때까지는 많은 시간이 걸릴 것이다.

인류가 도구를 사용하기 시작한 것이 300만 년 전이었고 불을 이용한 것이 100만 년 전이었다. 그리고 1만 년 전에 신석기 농업혁명이 일어나고 6천 년 전에 고대문명이 태동했다. 산업사회는 1765년 제임스 왓트가 증기기관을 발명한 이후부터 시작되었다.

산업사회를 다시 전기와 후기로 나눈다면 전기는 주로 석탄에 의존하던 시기로 1930년대까지이며, 그 이후는 주로 석유를 사용하던 시기로 현재까지 이어지고 있다.

이처럼 유용하게 사용하는 석유가 무한대로 존재하지 않으며 언젠가는 고갈된다는 사실은 모든 사람들이 인정하고 있다. 다만 그 시기가 언제냐 하는 문제일 뿐이다.

미국의 지질학자 킹 허버트는 1956년에 발표한 논문에서 석유 생산량은 2000년을 전후하여 피크를 기록할 것이며 그후에는 매년 3, 4%씩 감소하리라는 예측을 내놓았다. 그러나 그의 예상은 조금 빗나갔다. 그의 사후 추종자들은 세계 석유 생산량의 최고점을 2000년과 2010년 사이의 어느 해라고 주장했다. 어느 경우든 1950년대에 그런 예측이 나왔다는 점이 경이롭다.

올두바이 이론도 그중 하나이다. 이 이론에 의하면 에너지 생산량은 1978년까지 증가했으나 그후 2008년까지 정체상태를 보이다가 2008년 이후에는 빠르게 하락하여 2030년이면 산업문명을 유지할 수 없으리라는 전망이었다. 올두바이는 석기시대 인류의 화석이 발견된 탄자니아의 지명이다. 석유가 고갈되면 인류는 다시 석기시대로 돌아가야 할 것이라는 상징적인 지명인 셈이다.

독일에 본부를 두고 있는 에너지워치그룹은 석유 생산량의 피크는 2006년이었으며 지금은 이미 감소세로 돌아섰다는 보고서를 내놓았다. 이들에 의하면 구체적으로 석유가 고갈되지 않더라도 빠른 유가 상승으로 석유문명이 붕괴될 수 있으리라는 전망이었다.

예를 들어 석유 생산이 10% 줄어들면 유가가 10%만 상승하는 것이 아니라 몇 배나 오를 수 있다는 것이다. 70년대의 석유파동 당시에도 실제 석유 공급량이 5% 감소했을 뿐인데도 유가는 4배나 폭등했다는 것을 근거로 제시하고 있다. 유가가 200달러를 넘으면 현대문명을 지탱하는 주요 기능이 온전하게 발휘하지 못하리라는 것은 거의 확실해 보인다.

: 환경의 한계, '이스터 섬' :

지구촌의 미래를 걱정하는 많은 사람들은 이스터 섬의 사례를 환경 파괴로 인해 스스로 붕괴한 사회의 전형으로 든다. 이 섬은 남태평양 폴리네시아 동쪽 끝자락, 남아메리카에서 3,700km 떨어져 있는 면적 120km의 군도로 울릉도 면적의 $\frac{1}{4}$ 정도이다. 1772년 전설의 섬을 찾아 나섰던 네델란드 탐험가 로헤벤에 의해 처음 발견되었다. 부활절 아침에 발견되었다고 하여 이스터Easter라는 이름을 붙였다. 이 섬의 원래 이름은 라파 누이Rapa Nui였다.

발견 당시 이 섬에는 3,000여 명의 원주민들이 움막을 지어 놓고 원시적인 생활을 하고 있었다. 사방이 바다였지만 배가 없어 고기도 잡을 수 없었다. 엉성한 소형 카누 몇 척이 고작이었다. 이 섬을 처음 발견한 로헤벤의 일기에는 이 섬의 배들에 관해 이렇게 적고 있다.

이스터 섬을 처음 발견한 사람들은 이 섬이 모래섬인 줄 알았다고 한다. 나무가 거의 없었기 때문이다. 이들이 발견한 가장 큰 나무라야 높이 3m 정도였다. 로헤벤 일행이 가장 놀란 것은 이 섬 곳곳에 남은 '아후'라는 돌기단과 '모아이'라고 불리는 거석상들이었다.

이 섬에는 300기의 돌기단과 550여 기의 인면석상 모아이가 바다를 향해 서 있었다. 아후는 보통 길이 45m, 너비 2.7m, 높이 2.4m에 이르는 대좌로 6t 정도의 돌을 쌓아서 만든 일종의 제단이었고 그 제단 위에 거대한 돌로 만든 모아이를 여러 개 세웠다. 모아이는 보통 무게 23t, 높이 4~5m 정도의 석상들이 대부분이었으나 높이 12m에 달하는 것도 있었다.

이처럼 거대한 석상을 만들어 세울 정도라면 상당한 수준의 부족들이 살았음에 틀림없다. 그러나 그들은 모두 어디로 가고 원시적인 수준의 원주민들만 남아 있는 것일까? 이처럼 거대한 석상을 무슨 이유로 만들었을까?

학자들은 이 섬의 주민들이 AD 400년경 폴리네시아에서 이주해 온 사람들이며 그들이 이 섬으로 이주해왔을 때만 해도 울창한 야자수 숲으로 덮여 있었을 것으로 추측하고 있다. 늪지대나 연못 바닥 잔해물에 침전되어 있는 꽃가루를 분석한 결과 이 섬에는 야자수를 비롯한 아열대 우림이 우거져 있었음이 밝혀졌다. 이 섬의 전성기로 추정되는 16세기경에는 1만여 명의 주민들이 살았을 것으로 추측하고 있다.

인구가 점차 늘어나자 이들은 부족 단위로 섬 여러 곳으로 흩어져 살았다. 실제로 이 섬에는 11~12개의 구역으로 나누어져 있다. 이들은 한정된 농경지를 늘리기 위해 경쟁적으로 숲을 베어내고 땅을 일구었다.

그러나 좀 더 중요한 것은 서로의 권위를 과시하기 위해 아후를 쌓고 그 위에다 다시 거대한 사람 얼굴 모양의 석상인 모아이를 세우기 시작한 것이다. 이 거석상들은 이집트의 피라미드와 같이 부족장의 권위를 상징하는 물건이었다. 석상이 크면 클수록 부족의 권위가 높아졌기 때문에 서로 더 큰 석상을 만들기 위해 또 산을 파헤쳐 바위를 캐내고 이를 운반하기 위해 또 나무를 베어 굴림대로 사용했다.

거석상들이 AD 400년경부터 1400년경까지 오랜 세월을 두고 세워진 걸 보면 새로운 부족장이 등장할 때마다(혹은 부족장이 죽었을 때마다) 새로운 제단을 쌓고 모아이를 세웠을 것으로 보인다.

이런 과정을 통해 울창하던 야자수 나무들은 모두 사라져 버렸다. 숲이 사라지자 토양이 유실되어 작물도 제대로 자라지 못했다. 결국 이들은 굶주림으로 죽고 한정된 식량을 차지하려고 싸우느라 죽어갔다. 1700년대에 이르러서는 인구가 $\frac{1}{4}$에서 많게는 $\frac{1}{10}$로 급감했다.

네덜란드 선원들이 도착했을 때 고래 뼈가 상당수 발견된 것으로 보아 한때는 고래도 많이 잡은듯하나 삼림이 사라지자 배를 만들 나무가 남아 있지 않았던 것이다. 고기를 잡을 수가 없었던 이들은 고구마와 호박을 심었고 닭과 쥐를 잡아먹었다. 식인풍습도 있었다고 하나 확인하기는 어렵다.

이스터 섬의 주민들도 사라져가는 숲을 보면서 자신들의 삶의 터전이 무너져 내린다는 현실을 알았을 것이다. 그러나 누구도 그 일을 멈추게 할 수 없었다.

지금으로 보면 핵무기 경쟁을 하는 현대인들과 다를 바 없다. 핵무기는 모두가 공멸하는 길이라는 것을 다 알고 있지만 힘을 과시하기 위해 죽음의 무기를 만들고 있는 것이다.

생활여건이 악화되면 가장 먼저 고통을 당하는 것은 하층민들이다. 생활 기반이 아래로부터 허물어져도 지배계층은 아직 여유가 있었기에 위기의 심각성을 깨닫지 못했던 것이다. 정치란 100년 후를 내다보는 결정을 내릴 수가 없다. 길어야 몇 년 후를 대비한 결정만 내릴 수 있을 뿐이다.

그러는 사이에 모든 것이 사라진다.

● ● ●

이스터 섬의 사례는 공공재의 비극이다. 공유지의 비극이라고도 불리는 이 이론은 생물학자 가렛 하딘이 1968년 과학 잡지 사이언스에 실은 논문의 제목에서 유래한 용어다. 지하자원, 초원, 공기, 호수의 물고기 등과 같이 주인이 없는 공유자원은 쉽게 훼손되고 고갈된다는 내용이다.

아프리카 국가들이 멸종위기에 처한 코끼리들을 보호하기 위해 코끼리 사냥을 법으로 금지하자 코끼리의 개체수는 오히려 빠르게 감소했다. 코끼리 사냥이 금지되자 상아 가격이 폭등했고, 이를 노리는 밀렵꾼들에 의해 코끼리의 개체수가 오히려 더 줄어들었다는 이야기다. 이것이 공공재의 비극이다.

이스터 섬의 야자나무 숲도 아마 이들의 공공재였을 것이다. 그래서 더욱 경쟁적으로 야자나무를 베어냈을 거라는 이야기다. 이스터 섬의 사례는 하나뿐인 지구의 운명과도 흡사해 보인다. 아마존의 원시림은 1분마다 2,000그루의 나무가 사라지고 있다. 이것은 축구

경기장 6개 상당의 면적이다. 이대로 방치했다가는 결국 지구의 허파가 파괴되는 것이다.

강대국들 사이에 벌어지고 있는 무기경쟁은 이스터 섬의 석상 만들기 경쟁과 아주 흡사하다. 그것이 언젠가는 인류를 파멸로 이끈다는 것을 알면서도 멈추지 못하고 있는 것이다. 그것이 인간의 한계인지도 모른다. 지구는 이스터 섬보다 조금 더 큰 섬에 불과하다.

20세기 최악의 환경재앙으로 불리는 아랄 해의 비극도 환경파괴에 의한 재앙에 속한다. 아랄 호는 중앙아시아의 카자흐공화국과 우즈벡공화국 사이에 위치한 세계에서 네 번째로 넓은 담수호였고 그 주변은 넓은 처녀림이 형성되어 있었다.

1960년대에 소련 지도자들은 그곳을 목화밭으로 조성하기 위해 담수호 주변의 무성한 처녀림을 베어냈다. 그리고는 아랄 해로 흘러드는 아무다리아 강과 사르다리아 강의 물줄기를 목화밭으로 돌렸다. 관개농업이었다. 그러자 몇 년 동안 소련의 목화 생산량은 획기적으로 늘어났다. 농장 지배인은 승진에 승진을 거듭하여 모스크바로 영전되었다.

그러나 몇 해가 지나자 아랄 해로 유입되는 강물이 줄어들어 연간 4만 톤이 넘는 철갑상어와 민물도미를 잡았던 호수는 70%가 사막으로 변했다. 바닥을 들어낸 호수에는 소금과 목화밭에 뿌렸던 비료, 농약, 살충제 등이 흘러들어 1억 톤의 독성물질이 쌓였다. 지하수는 고갈되었고 관개수는 소금기 때문에 마실 수가 없었다. 바람이 불면 아랄 해의 독성물질이 하늘을 뒤덮으면서 각종 질병이 난무하고 있다. 그러는 사이에 이 지역 사람들의 평균 수명도 다른 지역보다 훨씬 짧아졌다.

아랄 해가 사막으로 변한 것은 강물이 운하를 타고 흐르는 동안에 소금이 녹아들어 염화현상이 나타났기 때문이었다. 이로 인해 이제는 목화도 자라지 못하는 사막으로 변했고 기후도 변했다. 비는 더 이상 내리지 않았고 사방의 목초지도 완전히 사라졌다. 전문가들은 앞으로 20년 이내에 아랄 해 일대 모두가 사막으로 변할 것이라고 전망하고 있다.

• • •

1962년에 출간된 한 권의 책이 미국을 발칵 뒤집어 놓았다. 레이첼 카슨 여사가 쓴 《침묵의 봄》이라는 제목의 책이었다. 봄이 왔건만 새들이 울지 않고 모두 침묵을 지켰다. 울지 않은 것이 아니라 모두 독극물 중독으로 죽어가고 있었던 것이다.

카슨은 이렇게 적고 있다.

낯선 정적이 감돌았다. 새들은 모두 어디로 갔단 말인가? 이런 상황에 놀란 마을 사람들은 자취를 감춘 새들에 관해 이야기했다.

마땅히 들려야 할 소리가 들리지 않으면 불안해지는 법이다. 봄이 왔는 데도 새들의 노래가 들리지 않는다.

이 이야기의 배경은 이렇다. 1차 세계대전이 끝난 후 각국은 식량 확보를 위해 삼림을 베어내고 농경지를 조성하기 시작했다. 이 과정에서 전쟁 중에 생산된 화공약품들이 새로운 용도를 찾았다. 새로 개간되는 농경지의 해충과 잡초 제거를 위해 이들이 투입된 것이다. 전쟁이 끝나고 나서 별로 쓸 일이 없던 비행기까지 동원하여 미국 전역에 엄청난 양의 화공약품들이 공중에서 살포되었다.

이렇게 살포된 농약과 제초제는 일단 곤충들에게 전달되고, 다시 곤충을 먹이로 하는 새와 물고기들에게 전달된다. 그리고는 육식동물을 거쳐 사람에게로 전달되어 유전체계를 왜곡시키게 된다는 것이 책의 핵심 내용이었다.

이 책이 나오자 다윈의 《종의 기원》만큼이나 가혹한 박해를 받았다. 종의 기원이 주로 종교적인 박해를 받은 반면 《침묵의 봄》은 기업과 정부로부터 박해를 받았다. 농약과 제초제를 만드는 기업들은 그녀를 주술사로 매도하는가 하면 식량증산의 책임이 있는 미 농무성 장관은 그녀에 대해 악의에 찬 인신모독도 서슴지 않았다.

"아이도 낳아보지 않은 여자가 유전학에 왜 그리도 관심이 많단 말인가?"

레이첼 카슨이 강조한 것은 인간도 자연의 일부라는 점이었다. 인간이 자연을 파괴하면 결국 자연이 다시 인간을 파괴하게 된다. 새소리가 그치고 꽃향기가 사라지는 봄을 맞으면서 카슨은 그 침묵 속에서 불길한 망령을 볼 수 있었던 것이다. 이것을 계기로 미국에서는 맹독성 농약의 사용을 금지하는 법안이 제정되었으며 지구의 날도 제정되었다.

이 책을 쓴 레이첼 카슨은 20세기의 인물 100인에 선정되었으며 다윈의 진화론, 애덤 스미스의 국부론, 마르크스의 자본론, 노예해방을 이끌어 낸 톰 아저씨의 오두막 등과 함께 역사를 바꾼 책의 하나로 선정되었다.

2006년부터 꿀벌들의 군집 붕괴현상이 관측되고 있다. 미국과 유럽에서 시작되어 아시아, 아프리카, 중동 국가들로 번지고 있다. 미국에서만 이미 20~40%의 꿀벌들이 사라진 것으로 보고되고 있다. 우리나라 역시 토종 꿀벌을 중심으로 개체수가 빠르게 감소하고 있다.

이의 원인은 서식지 파괴, 공기오염, 해충, 살충제 살포, 전자파 발생, 지구온난화 등 여러 가지가 거론되고 있지만 아직 확실한 원인에 대해서는 결론이 유보된 상태이다. 이 모든 원인이 결합된 게 아닌가 하는 생각도 든다.

지구상에 재배되고 있는 농작물의 35%가 새나 곤충의 도움으로 열매를 맺고 있으며 그중 60% 이상이 꿀벌의 도움을 받는다. 만약 꿀벌이 사라지면 가루받이를 하는 농작물 대부분이 결실을 맺지 못하게 된다. 이는 인류를 식량위기로 몰아넣을 수 있는 치명적이 위협이 될 것이다.

　1923년 인지학의 창시자이자 과학철학자인 루돌프 슈타이너는 양봉업의 기계화 현상을 보면서 향후 80년에서 100년 후면 꿀벌 생태계가 붕괴되기 시작할 것이라는 예견을 한 바 있다. 꿀벌의 군집 붕괴가 시작된 것이 2006년이었으니 정확한 예측인 셈이다.

　물리학자 아인슈타인은 꿀벌이 사라지면 인류도 4년 이내에 사라질 것이라고 경고했다. 그러나 이제는 아인슈타인의 예측도 틀렸다고 한다. 꿀벌이 사라지기 전에 인류가 먼저 사라질 것이라는 우려의 목소리가 나올 정도로 환경이 악화일로를 걷고 있기 때문이다.

• • •

　지구 생태계는 지난 5억 4천만 년 동안 다섯 번의 대멸종을 거쳤다. 대멸종이란 비교적 짧은 시간에 많은 생물종이 소멸되는 현상을 말한다. 보통 종의 75%가 사라질 때를 대멸종이라고 부른다. 다섯 번의 멸종 중 가장 피해가 심각했던 것은 2억 5천만 년 전에 있었던 세 번째 멸종으로 해양 생물의 96%, 육상 생물의 70%가 사라졌다. 세 번째 멸종에서 파충류를 포함하여 척추동물이 모두 사라졌다. 그후 척추동물이 다시 등장하기까지는 3천만 년의 시간이 필요했다.

　다섯 번의 대멸종 중에서 2번은 화산폭발로 인한 기후변화(주로 한랭화)가 원인으로 지목되고 있으며 나머지 2번은 행성충돌, 나머지 한 번의 멸종에 대해서는 정설이 없는 상태이다.

만약 여섯 번째 멸종이 시작된다면 이는 분명 인간에 의해서일 거라는 주장이 주류를 이룬다. 대멸종이 시작되면 가장 먼저, 가장 많은 피해를 입는 것이 최후의 포식자들이다. 6,500만 년 전에 있었던 다섯 번째 대멸종에서 지구촌의 주인이었던 공룡은 완전히 사라졌다. 그러나 하위 포식자였던 바퀴벌레는 지금도 멸종위기를 극복하고 3억 년 이상 살아남았다.

지금 인류는 지구 역사상 가장 확실한 최후의 포식자로 자리하고 있다. 성장의 한계가 가까워지면 성장곡선이 진동하면서 반드시 재앙을 일으킨다. 식량문제가 해결된다 하더라도 생태계에 재앙이 닥치면 최상위의 포식자 '인간'이 가장 위험하다는 것이다. 지금 지구촌 최후의 포식자로 군림하고 있는 인류는 과연 이 문제를 해결할 수 있을 것인가?

일부 학자들은 인간이 농업을 시작하면서부터 대멸종의 서막이 올랐다고 주장하기도 한다. 농업이란 무엇인가? 지표면에 생태계의 평형을 이루면서 살아가던 식물들을 인위적으로 제거해 버리고 그곳에 제한된 몇 가지의 식물만을 경작하는 것이 농업이다. 농업 자체가 생태계의 균형을 지극히 위태롭게 만드는 행위라는 지적이다.

우리가 한 끼의 식사를 한다는 것은 곧 토지와 물과 태양과 농부의 땀이 들어간 결과물을 섭취한다는 이야기가 된다. 이중 공짜로 얻을 수 있는 것은 태양밖에 없다. 범위를 좀 더 넓혀보자. 우리가 의식주를 해결하고, 자동차를 타고 출퇴근을 하고, 출장이나 여가를 위해 기차나 비행기를 타기도 한다. 이것을 가능하게 하는 것은 모두 에너지다.

그 에너지를 얻기 위해 얼마 정도의 땅이 필요할까?

캐나다 경제학자 마티스 웨커네이걸과 윌리엄 리스는 인간의 의식주와 일상적인 활동에 필요한 에너지를 생산하기 위해 필요한 토지, 쓰레기 처리를 위해 사용된 토지 등의 면적을 지수로 산출하여 '생태발자국Ecological Footprint지수'를 개발했다.

그랬을 때, 지구가 감당할 수 있는 생태발자국지수는 1인당 1.78ha로 대략 축구장 3개 정도의 넓이가 된다. 그러나 현재 지구촌 70억 인구의 생태발자국지수는 2.7ha가 되어 이미 적정 수준을 1.5배 넘어섰다. 이는 지구촌 사람들이 현재와 같은 라이프스타일을 유지하기 위해서는 자원과 면적이 현재보다 1.5배 늘어나야 한다는 이야기다.

이에 의하면 생태발자국지수가 가장 높은 지역은 미국으로 9.7이었으며 캐나다가 8.8로 그다음이었다. 북미 다음이 EU, 유럽 기타, 중동, 아시아, 아프리카 순이었다. 북미 지역의 생태발자국지수가 높은 것은 에너지 소비도 많지만 육식 위주의 식습관이 생태발자국을 많이 남기기 때문이다.

예를 들면 소 한 마리를 키우려면 사람 한 명이 먹는 곡물의 11배가 필요하고 쇠고기 1kg을 생산하는 데 드는 물의 양은 보리 1kg을 생산하는 데 들어가는 물의 1,000배나 된다. 육류생산을 위해 전 세계 농작물의 $\frac{1}{3}$을 동물 사료로 사용해야 한다는 것이다.

우리나라의 생태발자국지수는 2.25로 중위권 수준이지만 지구촌의 모든 인구가 한국인들과 같은 라이프스타일의 생활을 한다면 지구가 하나 더 있어도 모자란다는 이야기가 된다. 한편 아프리카 전체의 생태발자국지수는 0.8로 아직은 여유가 남아 있다.

지구의 자원이 한정되어 있다는 것을 전제로 한다면 해결책은 두 가지다. 지구촌 인구를 줄이던가, 현재의 인구를 유지하려면 1인당 사용하는 자원과 에너지를 50% 이상 줄여야 한다는 이야기가 된다. 특히 생태발자국지수가 가장 높은 미국, 캐나다, 유럽에서는 사용하는 에너지를 지금의 $\frac{1}{5} \sim \frac{1}{8}$로 줄여야 한다.

• • •

"지구는 살아있는 유기체이다."

영국의 과학자 제임스 러브록이 주창한 '가이아 이론'이다. 이 이론에 의하면 지구는 살아있는 유기체로 자기조절 능력 혹은 자정 능력을 가지고 있다고 한다. 모든 생명체에게 필수적인 지구의 산소농도는 수억 년 동안 21%를 유지하고 있으며 평균기온 역시 15°를 유지하고 있다. 그것이 자기조절 능력이다.

동물들이 산소를 취하고 탄산가스를 내뿜는 동안에 식물들은 탄산가스를 빨아들이고 산소를 내뿜어 균형을 맞추고 지구가 더워지면 바닷물이 구름이 되어 비로 내리면서 다시 식혀 준다. 바닷물의 온도가 높아지면 해조류들이 빠르게 번성하면서 햇빛을 차단하여 다시 온도를 낮춘다.

그러한 자기조절 능력 역시 임계치가 있다. 일정 범위를 넘어 버리면 '티핑 포인트_{Tipping Point}'를 맞게 된다. 티핑 포인트란 미국의 작가 말콤 글래드웰이 내놓은 개념으로 '일정 기간 동안 작은 변화들이 쌓여 있다가, 조그만 변화 하나가 더 추가되면 큰 변화로 이어지는 현상'을 가리키는 개념이다. 물이 가득찬 그릇에 물 한 방울을 더 떨어뜨리면 그릇 전체의 물이 넘쳐나는 것과 같다.

지금 지구는 인간에 의해 파괴되어 빠르게 자정 능력을 잃어가고 있다. 미국 우주항공국_{NASA}의 기후과학자 제임스 한센 박사는 지구 온난화에 티핑 포인트가 오고 있다고 경고하고 있다. 그에 의하면 산업혁명이 시작되던 1750년에 280ppm이던 이산화탄소의 양이 지금은 381ppm 정도로 증가했다. 이는 산업화로 인해 과다한 화석연료의 사용과 자동차가 내뿜는 이산화탄소가 빠르게 티핑 포인트를 향해 접근하고 있다는 의미이다.

티핑 포인트를 넘어서면 어떤 일이 벌어질까?

한센 박사에 의하면 극지방의 얼음이 녹으면서 해수면이 상승해 전 세계적으로 낮은 지대가 물에 잠긴다. 또 극지방 얼어 있는 땅이 녹으면서 그 안에 갇혀 있던 막대한 양의 이산화탄소와 메탄이 대기 중으로 방출되어 온난화는 더욱 속도가 붙는다.

그 결과, 이번 21세기에 기온은 최소 6°C 이상 상승하게 된다. 그러면 지구촌의 해수 순환이 멈추고 아시아 몬순이 사라지며 아마존 열대우림이 파괴되고 만다. 한센 박사는 이와 같은 티핑 포인트가 2016년쯤일 거라고 예측하고 있다.

영국의 가디언 지는 이를 바탕으로 충격적인 소설을 쓰고 있다. 지구의 온도가 1°C 상승하면 만년설이 녹으면서 대규모 산사태가 발생한다. 이산화탄소가 바닷물에 녹아들면 해수가 산성을 띠게 돼 해양 먹이사슬이 붕괴된다. 해수가 산성이 되면 각종 플랑크톤에 치명타를 가하고 조개류의 껍데기를 녹여 버리기 때문이다.

2°C 상승하면 여름철 폭염으로 유럽에서만 수만 명이 심장마비로 사망한다. 그린란드 빙하는 완전히 사라지고 안데스 산맥의 만년설도 녹아 페루 등의 식수 공급원이 사라진다. 이 단계에서 $\frac{1}{3}$에 해당하는 생물이 멸종위기로 내몰린다.

3°C 올라가면 말라붙은 아마존 열대우림이 산불로 전소되고, 이때 이산화탄소가 대량 발생해 지구온난화는 더욱 심해진다. 기후 이재민 수십억 명이 열대지방을 떠나 온대와 한대지방으로 몰려든다.

4°C 상승 시에는 지구 자체의 온난화 악순환에 빠진다. 시베리아 영구 동토층이 녹아 얼음 밑에 있던 메탄과 이산화탄소가 대기에 노출돼 지구온난화를 가속시킨다. 스위스의 여름 기온은 48°C까지 오르고 사하라 사막은 유럽 남부 지역까지 확대된다. 북극의 얼음은 모두 녹아 북극점은 바다 위의 한 지점이 된다.

지구의 평균 기온이 5°C 상승하면 인류는 5천 5백만 년 전으로 돌아가야 하고, 6°C 상승하면 2억 5천만 년 전의 환경으로 돌아가야 한다. 병들면 아파야 한다. 아프지 않으면 자각할 수 없다. 지금 지구가 아프다.

: 로지스틱 방정식, '되먹임 함수' :

앞서의 들쥐 이야기로 돌아가 이들의 개체수가 얼마나, 어떻게 증가하는지 추적해보자. 어떤 생명체도 개체수가 무한히 늘어날 수는 없다. 한정된 먹이, 서식환경, 전염병, 천적에 의해 개체수 증가에 제약을 받기 때문이다. 무인도 들쥐들의 경우에는 3가지 형태의 곡선을 생각할 수 있다.

1. 빠르게 J커브를 그리다가 어느 수준에서 멈추는 경우이다. 이때는 들쥐와 환경이 균형을 이루는 경우이다.

2. 빠르게 J커브를 그리다가 어느 수준에 이르면 감소와 증가가 안정적으로 반복되는 경우이다. 예를 들면 들쥐들의 개체수가 늘어나면 천적이 늘어나 개체수가 대폭적으로 줄어들고, 개체수가 줄어들면 천적의 수도 줄어들다가 개체수가 늘어나면 다시 천적이 증가하여 개체수를 줄이는 경우 등일 것이다.

3. 개체수가 J커브를 그리다가 어느 수준에 이르면 종잡을 수 없이 진동하는 경우이다. 이때는 생태환경이 몹시 불안한 상태이다. 개체수의 자연 증가율이 아주 빠른 경우에 나타나는 현상이다.

들쥐들이 늘어날 수 있는 최대치를 수치인 K로 상정해보자. 개체수가 무한히 늘어날 수는 없을 것이므로 자연 상태에서 개체군이 성장할 수 있는 '최대의 한계치'를 K라고 가정한 것이다. 현재의 개체수가 많아질수록 먹이와 공간 등의 요인으로 인해 다음 세대 개체수를 억제하는 요인으로 작용할 것이다.

현재의 개체수가 다음 세대 개체수 결정에 영향을 미친다는 점을 고려하여 고안된 것이 '로지스틱 방정식_{logistic equation}'이다. 이는 1838년에 벨기에의 수학자 페어홀스트가 고안했다. 개체군생태학에 속하는 분야이다.

한계치 K에서 현재의 개체수 P_n를 뺀 값 (K-P)는 남아 있는 성장여력이 된다. n년의 개체수를 P_n, 성장의 한계를 K라고 한다면 $(K-P_n)$은 n년 후의 남은 성장여력이 될 것이다. 이 경우, $(K-P_n)$의 값이 클수록 자연 성장률에 가깝게 증가할 것이고, 이 값이 작을수록 성장의 한계에 근접하게 된다.

그래서 실제로 예측할 수 있는 미래의 개체수는 자연 성장률에다 남은 성장여력으로 조절해주는 것이 합당하다. 따라서 n년 다음인 n+1년의 개체수 P_{n+1}은 다음과 같이 나타낼 수 있을 것이다.

$$P_{n+1} = P_n R \left(\frac{K-P_n}{K} \right)$$

여기서 R은 성장률이다. 성장률이 매년 2배씩이라면 R은 '2'의 값을 가진다. 따라서 PR이 자연 상태에서 늘어나는 개체수를 의미한다면 $\left(\frac{K-P_n}{K} \right)$은 남은 성장여력으로 자연증가분을 조절하는 계수이다. $\left(\frac{K-P_n}{K} \right)$을 다시 쓰면 $\left(1 - \frac{P_n}{K} \right)$이 된다. 따라서 이 값은 항상 '0'보다

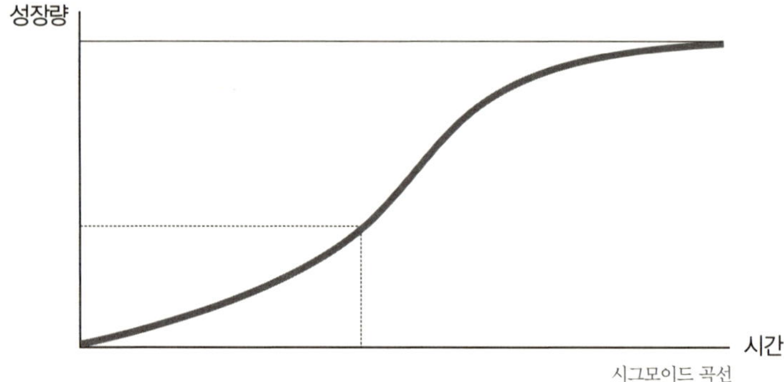

크고 '1'보다 작은 값을 가진다.

이 방정식은 개체수가 증가하면 할수록 개체수 증가를 압박하는 요인 역시 증가한다는 가정 하에서 고안된 것으로 개체군생태학의 수학적인 모델로 자리잡게 된 로지스틱 방정식이다. 이 방정식은 앞서의 개체수가 뒤에 오는 개체수에 영향을 미치는 구조로 되어 있어 '되먹임 함수'라고 부른다.

이 방정식을 가지고 개체수 증가를 그래프로 그리면 처음엔 낮게 시작하여 빠르게 상승했다가 마침내 일정한 값으로 수렴하는 '시그모이드 곡선Sigmoid Curve'의 형태가 된다. 시그모이드는 완만한 형태의 곡선을 의미한다.

생물학자 맥아더와 윌슨은 섬에 살아가는 생물개체군을 연구하면서 생물개체군이 성공적으로 정착하기 위해서는 큰 R값을 가지는 것이 중요하고, 멸종되지 않으려면 큰 K값을 가지는 것이 중요하다고 지적했다.

R값이 크다는 것은 생존율이 낮은 대신 많은 알이나 새끼를 낳는 다는 의미이며 K값이 크다는 것은 적은 수의 알이나 새끼를 낳지만 생존율이 높다는 의미이다. 모기나 물고기는 R형에 해당되며 코끼리는 K형에 해당된다.

· · ·

무인도의 들쥐들이 매년 2배씩 개체수가 증가하면 들쥐의 개체군은 어느 정도까지 성장할 수 있을까.

로지스틱 방정식 $P_{n+1} = P_n R(\frac{K-P_n}{K})$으로 대입해보자.

a. 현재의 개체수에 10을 주고, R에 2를 주고 한계치 K에 100을 주어보자.

연차	개체수	증가율(%)
처음	10	——
1년	18	80.0
2년	29.5	63.9
3년	41.6	41.0
4년	48.6	16.8
5년	50	2.9

증가추이를 보면 2, 3년 동안 빠르게 증가하던 개체수는 3년 이후 정체기를 맞으면서 50의 값에 수렴한다. 50은 성장 한계치인 100의 50%에 해당된다. 즉 수용한계 절반 수준에서 생태계와 균형을 이

루며 공존하는 경우이다.

b. 이번에는 R에 3을 대입해보자.

연차	개체수	증가율(%)
처음	10	——
1년	27	170
2년	59	119
3년	72	22.0
4년	59	-18.1
5년	72	22.0

매년 3배씩 증가한다고 가정할 경우 처음 2년 동안 빠른 성장을 기록하다가 3년째부터는 59와 72의 값을 오가며 진동하는 모습으로 나타난다.

c. R에 4를 대입해보자.

연차	개체수	증가율(%)
처음	10	——
1년	36	260
2년	92	156
3년	29	-68
4년	82	183
5년	59	-28

연간 증가율이 2배일 때는 한계치(100)의 절반 수준인 50에 안정적으로 수렴하는 반면, 성장률이 3배이면 59와 72의 값을 오가며 진동하는 모습을 볼 수 있다. 또 성장률이 4배가 되면 전혀 예측을 할 수 없는 카오스 상태를 보인다.

진동하는 경우에는 주기적으로 대대적인 개체수 감소가 일어난다는 의미이며, 카오스 상태를 보인다는 것은 대멸종을 포함하여 큰 재앙이 반복된다는 의미이다.

：지구촌 70억, '인구의 딜레마'：

2011년 10월 31일, 세계 곳곳에서 특이한 축제가 벌어졌다. 이날 '0'시를 기해 유엔 인구시계가 지구촌 인구 70억 돌파를 가리켰다. 그러자 각국에서는 그 시각에 태어난 아기 한 명을 '70억 번째 아기'로 선정하여 축하행사를 연 것이다.

물론 70억 번째 아기는 상징적인 것이다. 세계적으로 인구센서스조차 실시하지 않는 나라가 허다한데 70억 번째 아기를 정확하게 가릴 수는 없다. 유엔인구기금이 공식적으로 선정한 70억 번째 아기는 필리핀 마닐라에서 태어난 '카마초'라는 이름의 여자 아이였다. 필리핀 정부는 이 아기에게 평생 장학금 증서를 전달했고 그 부모에게도 창업자금을 전달했다. 축하의 의미였다.

　그러나 70억 번째로 태어난 아기는 인류에게 축복인 동시에 재앙
이기도 하다. 지금도 10억 명 이상이 굶주림에 시달리고 있는 시점
이어서 신생아가 태어날 때마다 인구 1인당 식량은 줄어들게 되고
환경은 인구와 비례하여 악화될 것이기 때문이다.

　2011년을 기점으로 지구촌 인구가 70억을 돌파하면서 로마클럽
이 제기했던 문제점들이 다시 한 번 비상한 관심을 모으고 있다. 늘
어나는 인구로 인한 물과 식량부족, 화석연료에 의존하는 경제성장
과 늘어나는 자동차로 인한 환경오염과 지구온난화, 기상이변의 심
각성은 이제 아무도 부인할 수 없게 되었다. 이 문제들을 해결하지
못하면 그리 멀지 않은 장래에 인류는 심각한 문제에 부딪힐 것이
확실하다.

• • •

　세계의 인구증가 추이를 개략적으로 짚어보자. 지구촌 인구가 1억
을 돌파한 것은 BC 500년이었으며 예수가 태어났을 당시의 인구는
2억 5천만 명이었고 10억을 돌파한 것은 AD 1805년이었다. 10억
을 돌파하기까지 수천, 수만 년이 걸린 셈이다. 이때까지만 해도 인
구증가 추이는 고출산-고사망의 패턴을 이어갔다.

　그러다가 고출산-저사망으로 패턴이 바뀌면서 122년 만인 1927
년에 20억을 돌파했다. 다시 30억을 돌파한 것은 32년 만인 1959년,
40억을 돌파한 것은 15년 만인 1974년, 50억을 돌파한 것은 13년

만인 1987년이었다. 60억을 돌파한 것은 12년 만인 1999년이었고, 70억을 돌파한 것은 역시 12년 만인 2011년이었다. 20세기에 들어 인구가 가장 빠르게 성장했다.

인구수	연도	걸린 기간
1억 돌파	BC 500	——
10억 돌파	AD 1805	2305
20억 돌파	1927	122
30억 돌파	1959	32
40억 돌파	1974	15
50억 돌파	1987	13
60억 돌파	1999	12
70억 돌파	2011	12

처음 1억에서 10억을 돌파하기까지는 많은 시간이 필요했으나 10억을 돌파한 이후로는 빠르게, 아주 빠르게 증가하고 있음을 알 수 있다. 처음엔 아주 느리게 증가하다가 19세기부터 20세기에 이르러 빠르게 증가하면서 활처럼 우상향으로 휘어진다.

앞서 가상적인 들쥐의 사례로 추정해본 바에 의하면 성장률이 갑자기 가파르게 늘어나는 것은 결코 좋은 현상이 아니다. 만약 지구촌 인구가 거의 한계에 가까워지고 있다면 21세기는 큰 진동이 일어나거나 걷잡을 수 없는 카오스 상태에 빠지게 된다.

●●●

　지구촌이 수용할 수 있는 인구의 한계를 'K'라 하고 현재의 인구를 'P'라 해보자. 성장 한계치 K에서 현재의 인구 P를 뺀 값 (K-P)는 남아 있는 성장여력이 될 것이다. 따라서 P가 커질수록 (K-P)값은 더욱 압박을 받게 된다.

　성장여력을 높이기 위해서는 K값을 늘리든가 P값을 줄여야 한다. K값은 식량, 공간, 자원, 공기, 물, 숲 등 환경을 가리키는 개념이다. 앞으로 50년 후의 인구를 추정하기 위해 19세기 이후의 인구를 50년 주기로 로지스틱 방정식에 입력해보자.

연도	인구(백만)	증가율(%)
1800	978	——
1850	1,262	29.0
1900	1,650	30.7
1950	2,528	53.2
2000	6,070	140.1
2050	?	?

　이것을 100년 단위로 보면 인구증가율은 더욱 가파르다.

연도	인구(백만)	증가율(%)
1800	978	──
1900	1,650	68.7
2000	6,070	267.8
2100	?	?

　1900년 이후 50년마다의 인구증가율을 기하평균값으로 구하면 대략 50%이다.

$$\text{인구증가율 기하평균} = \sqrt[3]{30.7 \times 53.2 \times 140.1} ≒ 50\%$$

　앞으로 2050년까지 이러한 속도로 증가한다면 지구촌 인구는 산술적으로 70억×1.5＝105억이 된다. 앞서 들쥐들의 사례에서 보았듯이 가파른 개체수 증가는 반대로 걷잡을 수 없는 진동을 앞두고 있다는 이야기가 된다. 이는 지구촌 인구가 거의 한계에 이르고 있다는 의미이기도 하다.

　지구촌 인구가 한계에 이르면 대략 다음과 같은 3가지 형태의 진동이 나타나게 된다.

1. 인구가 정체된 채로 형상을 유지를 하는 경우

2. 증가와 감소를 반복하면서 진동하는 경우

3. 걷잡을 수 없이 카오스 상태를 보이는 경우

두 번째와 세 번째의 진동은 지구촌 전체의 재앙을 의미한다. 학자들은 지구촌이 수용할 수 있는 인구의 한계를 대략 120억 내지 150억 정도로 보고 있는 것 같다. 200억도 가능하다고 주장하는 학자들도 있다.

• • •

이번에는 이 증가율을 로지스틱 방정식에 대입해서 2050년의 인구를 구해보자. 로지스틱 방정식 $P_{n+1} = (1+r)N(\frac{K-N}{K})$에서, 현재 인구를 P, 성장의 한계를 K, 50년 동안의 증가율을 r이라고 하면 증가배율 R=1.5가 된다.

$P=RN(\frac{K-N}{K})$에서 지구촌 수용한계를 150억으로 잡을 경우는 아래와 같다.

$$P_{2050} = (1.5) \times N(60.7억) \times (\frac{200-60.7}{150}) = 54.2억\ 명$$

지구촌 수용한계를 200억으로 잡았을 경우는 아래와 같다.

$$P_{2050} = (1.5) \times N(60.7억) \times (\frac{200-60.7}{200}) = 63.7억\ 명$$

여기서 현재인구 60.7억 명은 2000년도를 기준한 것이다. 최대 수용한계가 150억일 경우 2050년의 추정치는 54.2억 명, 200억일 경우 2050년의 추정인구는 63.7억 명이다.

그렇다면 2012년 현재 인구 70억 명에서 6.3억명 내지 15.8억 명이 줄어들어야 한다는 계산이 된다. 그것은 곧 재앙으로 나타나게 될 것이다. 그 재앙은 기아, 질병, 기상이변, 전쟁 등일 것이다. 이 로지스틱 방정식이 문제점이 없는 것은 아니지만 개체군 전체의 증가추이를 보는 방법으로는 유용하다.

지금 지구촌의 인구는 거의 한계점에 이르렀다는 의미이다.

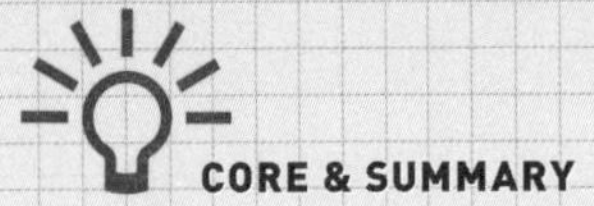

인간 문명의 한계

문명은 인류가 이룩한 정신적, 기술적, 물질적 흔적의 총체이다. 문명을 가리키는 단어 civilization의 어원이 'civis(시민)'와 'civitas(도시)'에서 유래된 것처럼 문명은 인류가 떠돌이 생활을 끝내고 정착생활을 하면서 시작되었다.

최초의 문명사회는 농경사회였다. 농사는 협업이 필요하다. 강물의 범람을 막기 위해 제방을 쌓고 강물을 끌어들이기 위해서는 많은 사람의 힘이 필요했다. 그러기 위해서는 강력한 통치자의 존재가 필요했고 집단생활을 유지하기 위한 통치철학과 함께 규범과 법률이 생겨나고 도덕이 필요했다. 또 집단의 안전과 농사의 풍요를 빌기 위해 종교가 생겨나고 통치자의 권위를 높이기 위해서 형이상학적인 가치들을 만들어내고 궁전을 지었다. 이것이 문명이었다.

플라톤, 아리스토텔레스 등은 문명, 국가, 사회를 같은 것으로 보았다. 그러나 현대에 이르러서는 문명을 동일한 가치관을 공유하는 권역으로 국가보다 좀 더 넓은 개념으로 보고 있다. 유럽과 미국이 같은 기독교문명으로 불리는 것과 같은 맥락이다.

영국, 프랑스 등에서는 문화와 문명을 구분하지 않지만 독일권에서는 이 두 가지를 엄격하게 구분하고 있다. 문화를 정신적인 것으로, 문명을 물질적인 것으로 보려는 시각이다. 그런 맥락에서 본다면 풍요한 정신적 가치들을 쏟아 냈던 그리스문명이나 동양의 유교문명은 '문화'에 가까운 것으로 볼 수 있다.

문화나 문명은 여유의 산물이다. 그리스가 그처럼 찬란한 문명을 일굴 수 있었던 것은 그리스인 특유의 정신적인 여유에서였다. 모든 문명권은 문명의 시작과 동시에 절대자인 신을 섬기는 일에 몰두했지만 그리스인들은 신으로부터 자유로울 수 있었다.

그리스에도 수많은 신화가 있지만 그것은 절대적인 존재, 신이 아닌 인간적인 신들의 모습이었다. 신들도 인간처럼 사랑을 하고 미워하고 질투하고 싸움을 했다. 신은 결코 완전한 존재가 아니며 죽음만 없을 뿐 인간과 동일한 존재였다. 그러자 그리스인들의 관심은 서서히 하늘과 땅의 모든 것에 쏠리기 시작했다. 이것이 그리스문명을 태동시킨 사유였다.

문명도 태어나고 소멸한다. 지구상에 존재했던 문명의 평균 수명은 대략 400년 정도이고 길게는 1000년, 짧게는 100년이었다. 문명의 수명도 점점 더 짧아지고 있다. 그 이유는 문명을 지탱하는 기술수준이 점점 더 복잡해졌기 때문이다.

문명은 정교하게 얽힌 생태계와도 같다. 한계에 처한 문명을 기술로 넘어서려고 시도해보지만 이는 더 큰 문제에 직면하게 되기 때문에 문명의 수명은 짧아지고 있다. 석유문명의 한계를 넘으려면 원자력으로 가야 하지만 이는 더 큰 문제를 야기한다는 것이다.

《서구의 몰락》을 쓴 역사학자 스펭글러는 문명을 생명체와 같이 피고 지는 것으로 보았다. 초기의 고귀한 정신적인 가치들이 문화로 정착하면 이것이 다시 과학기술과 결합되어 문명을 일으킨다. 이 물질문명이 절정에 달하면 정신적인 가치들이 쇠락하면서 문명 역시 몰락을 피할 수 없다는 것이다.

이처럼 문명은 여느 생명체처럼 피고질 수밖에 없다는 주장들이 순환론이다. 일종의 숙명론이다. 고대 그리스의 플라톤이나 동양의 유가 사상들이 모두 문명의 몰락을 필연적인 것으로 보고 있다. 문명의 충돌을 예고한 헌팅턴도 일종의 숙명론자였다.

문명은 더 나은 방향으로 끊임없이 발전해간다는 발전사관도 없지는 않다. 기독교의 직선사관이나 계몽주의 시대의 역사가 기번, 헤겔의 관념론 등이 그러하다. 서구, 특히 유럽이 세계의 중심이었을 때는 특히 직선적인 발전사관이 맹위를 떨쳤다. 그러나 이제 유럽은 지고 미국도 지고 있다.

여기서 새롭게 힘을 얻는 것이 문명의 서진론이었다. 인류 문명은 메소포타미아-이집트-에게-그리스-로마-스페인-영국-미국으로 흘러갔다가 이제 동양이 영광의 주인이 될 차례라는 것이다. 유럽에 이어 미국이 흔들리면서 새롭게 조명되는 이론이다.

20세기의 석학 새뮤얼 헌팅턴은 역사를 늘 대립과 갈등으로 보았다. 최근 몇 백 년의 역사를 보면 세계는 군주주의에서 민족주의로, 다시 이데올로기의 대립으로 전개되었다. 이제 이데올로기의 대립이 시들해지면서 문명의 충돌로 이어지고 있다는 지적이다.

　스펭글러에 의하면 문명은 고귀한 정신적인 가치에서 출발하여 물질문명으로, 다시 물질문명이 최고조에 달하면 정신적인 가치가 쇠락하면서 문명도 몰락하게 된다. 그런 맥락에서 본다면 물질적인 가치가 최고조에 달했던 20세기의 서구문명은 이제 서서히 나래를 접을 차례가 아닌가 생각된다.

　이제는 20세기의 가치를 대체할 새로운 정신적인 가치를 찾아야 할 과도기이다.

part 2

인간 문명의
한계

고대문명의 발상지들은 지금 대부분은 폐허가 되거나 흔적만 남아 있다. 이집트, 메소포타미아, 그리스-로마, 비잔틴-이슬람, 마야문명의 발상지들이 그러하다.

찬란한 역사를 자랑했던 곳일수록 지금은 상대적으로 더욱 초라한 모습으로 남아 있다. 이집트문명과 메소포타미아문명을 일으켰던 지역은 옛날에는 울창한 숲과 맑은 물이 흘렀으나 이제는 거의 폐허로 변하고 말았다.

지금 국가부도 위기에 처해 있는 그리스도 안타까운 사례의 하나일 것이다. 그리스는 BC 5세기경에 이미 찬란한 문명을 꽃피워 서양문명의 뿌리가 되었다. 그리스는 예루살렘과 함께 서구인들의 마음의 고향이다. 예루살렘이 헤브라이즘의 고향이라면 아테네는 인간 중심적인 문명 패러다임을 제시했던 헬레니즘의 고향이다. 인류 역사상 가장 위대한 시기로 꼽고 있는 르네상스는 다름 아닌 그리스 정신으로의 회귀를 추구하는 문학, 예술, 과학 운동이었다.

그리스의 철학, 문학, 자연철학(과학), 음악, 수학, 건축은 시대를 뛰어넘어 지금까지도 영향을 미치고 있다. 호메로스의 일리아드와 오디세이를 모르고서 서양 문학을 이야기할 수 없으며 소크라테스, 플라톤, 아리스토텔레스를 빼고서 서양 철학을 논할 수 없고 탈레스, 피타고라스, 아르키메데스를 모르고서 수학과 과학을 논의할 수 없을 것이다.

캘리포니아 대학 철학 교수였던 윌 듀런트는 50년 동안 11권으로 구성된 방대한 분량의 저서 《문명 이야기》를 저술했다. 그 책 그리스 편에서 듀런트는 다음과 같이 적고 있다.

기계류를 제외하고 학교와 체육관, 산술, 시학, 역사학, 수사학, 물리학, 생물학, 해부학, 위생학, 치료법, 화장품, 시, 음악, 비극, 희극, 철학, 신학, 회의론,

문명에 관한 이야기를 다루는 대부분의 책들은 그리스를 가장 먼저, 그것도 가장 많은 분량으로 다룰 정도다. 그런 그리스가 지금 국가부도 위기에 처해 있다. 그리스에서 경쟁력 있는 산업이라고는 관광과 해운업 정도이다.

아니, 그리스에는 세계적인 경쟁력을 갖춘 상품이 하나 더 있다. 그것은 '언어'이다. 아테네 공항에는 '그리스가 수출한 단어가 5만 1천 807개'라는 글귀를 내걸고 있다. 언어란 사유思惟의 결정체, 그리스인들의 정신세계가 전 세계에 그 정도로 많은 영향을 끼치고 있다는 의미일 것이다.

영어에서 '원자'를 가리키는 Atom은 그리스어의 '더 이상 나눌 수 없다.'는 의미의 Atoms에서 유래했다.

우리가 '사랑'이라는 의미로 알고 있는 아가페Agape, 필리아Philia, 에로스Eros 모두가 그리스어이다. 아가페는 절대적이며 무조건적인 사랑, 필리아는 인류와 인간에 대한 사랑이며, 에로스는 남녀 간의 사랑을 가리키는 그리스어다. 이와는 조금 다르지만 지혜에 대한 사랑을 그리스 사람들은 필로소피아Philosophia라고 이름하였다. 여기서의 지혜는 인간과 세계에 대한 근원적인 지식을 의미한다. 지혜에 대한 사랑, 이것이 곧 철학이었다.

대표적인 그리스 건축물인 파르테논 신전은 BC 5세기에 세워진 도리아 식 건축의 백미로 아테나 여신을 모시는 곳이었다. 그러다가 5세기경에는 기독교 교회당으로, 15세기에는 오스만튀르쿠에 점령되어 회교 사원으로 사용되었다. 신전이 다른 신을 예배하는 장소로 사용된다는 것은 치욕 중의 치욕이었다.

오스만튀르쿠와 베네치아 간에 전쟁이 일어났을 때는 파르테논 신전은 튀르쿠의 화약고로 사용되었다. 그러다가 베네치아군의 대포에 맞아 건물 중심부가 파괴되어 지금은 기둥만 남아 있다. 19세기 초에는 영국의 엘긴 백작이 파르테논의 프리즈와 박공의 조각상들을 해체해 대거 영국으로 밀반출하는 바람에 지금은 모두 대영박물관에 보관되어 있다.

영국의 젊은 역사학자 토인비는 옥스퍼드 대학에서 그리스 고대사를 공부하면서 그리스를 여행했고 나중에는 맨체스터 가디언 지의 그리스 특파원으로 그리스에 머물면서 아크로폴리스 언덕의 파르테논 신전을 자주 찾았다. 아크로폴리스 언덕 위에 우아하게 서 있는 파르테논 신전과 그 아래로 펼쳐진 퇴락한 아테네 시가지를 보면서 착잡한 심경이 되었다.

저토록 찬란한 문명을 일구었던 민족의 후예들이 어떻게 이 지경에까지 이르렀단 말인가?

그리스의 과거와 현재, 그 대조적인 광경이 토인비에게 일생의 연구 과제를 던져 주었다. 토인비의 역작《역사연구》는 그렇게 탄생했다.

문명의 발달과정을 보면 가장 먼저 등장하는 것이 사유였다. 사유는 철학, 문학, 예술, 과학, 종교를 낳았고 그것이 문화라는 형태로 정착되고 난 다음에 등장하는 물질적인 형태가 문명이다. 문화와 문명을 혼용해서 쓰기도 하지만 문화는 정신적인 측면, 문명은 물질적인 측면이라고 보면 될 것이다.

인류 역사상 사유가 가장 풍성했던 시기는 BC 6세기에서 BC 4세기 기간이다. 이 시기가 동양에서는 제자백가들이 활동하던 춘추전국시대였으며 서양에서는 소피스트들이 활동하던 고대 그리스시대였다.

BC 6세기에는 동양에서는 공자가 활약했고 그리스에서는 탈레스와 피타고라스가 활동했던 시기이다. 소크라테스, 플라톤이 BC 5세기, 맹자와 장자가 BC 4세기, 그리고 아리스토텔레스가 활동했던 시기도 BC 4세기였다. 아마도 고대 그리스나 중국의 춘추전국시대는 인류 역사상 다시 나타나기 어려운 사유의 전성기가 아니었을까 하는 생각이다. 동서양의 철학적 전성기가 일치했다는 점이 무척 흥미롭다.

● ● ●

제자백가들이 활동한 춘추전국시대는 중국 주周나라 왕조 후기인 동주를 가리키는 다른 말이다. 주나라는 무왕이 책사 강태공의 지혜를 빌어 은나라를 무너뜨리고 건국한 나라로 서안장안에 수도를 두고 봉건제를 정치체제로 삼은 나라였다.

봉건제란 대륙의 넓은 땅을 공신들에게 나누어 주어 다스리게 하는 대신 봉토를 하사받은 제후들은 중앙 정부에 공물을 바치고 중앙 정부를 위해 군대를 동원하게 하는 시스템이었다. 주나라 창업의 일등공신 강태공에게는 그의 고향 땅인 산둥반도를 봉토로 주는 방식이었다. 그곳이 훗날 진나라와 천하를 놓고 다투게 되는 제나라이다.

주나라의 통치이념은 유학儒學과 덕치德治였다. 이 때문에 유학자들이 생각하는 모델이 가장 이상적인 국가의 모습이 되었다. 12대 유왕에 이르러 북방 유목민인 견융족이 침입하여 유왕이 살해되자, 주나라 황실은 화급히 동쪽의 낙읍낙양으로 천도하여 제후들에게 의지해야 하는 신세가 되었다. 천도하기 이전을 서주, 천도 이후를 동주라고 부른다. 동주시대가 곧 춘추전국시대이다.

동주시대로 접어들자 황실의 권위는 바닥으로 떨어졌고 각 지역에 흩어져 있던 제후들 간에 천하의 주도권을 놓고 싸움이 시작되었다. 이 싸움은 BC 770년에서 진시황이 중국을 통일하는 BC 221년까지 549년 동안 이어졌다. 이 기간이 춘추전국시대이다.

춘추전국시대는 다시 춘추시대(BC 770~403)와 전국시대(BC 403~221)로 나누어진다. 춘추시대는 제후들 간의 싸움이 있기는 했지만 외적을 물리치고 주나라 황실을 다시 굳건하게 세워야 한다는 목표를 가지고 있었지만 전국시대가 되면 주나라 황실은 아예 염두에도 없고 오직 천하의 패권을 차지하기 위해 죽고 죽이는 싸움으로 이어졌다.

여기서 제자백가들이 나타났다. 중원 땅이 갈기갈기 찢긴 상태에서 저마다 천하를 구할 방책을 연구하던 사람들이 제자백가들이었다. 유가에 공자와 순자, 도가에 노자와 장자, 묵가에 묵자, 법가에 상앙과 한비자, 명가에 혜시와 공손룡, 병가에 손자와 오자 등이었다. 이들은 제후들을 찾아다니면서 나라를 구할 방책을 설파했던 것이다. 여기서 수많은 철학이 탄생했다.

• • •

한편 거의 같은 시기에 그리스에서도 분야별로 수많은 소피스트들이 나타났다.

인류 최초의 철학자이자 과학자로 평가되는 BC 6세기경의 탈레스, 탈레스의 제자이자 계승자인 아낙시만드로스와 아낙사고라스, 원자론자인 데모크리토스, 수학자 피타고라스, 소크라테스, 플라톤, 아리스토텔레스 등이었다. 그 외에도 그리스에는 수많은 철학자, 과학자, 시인, 예술가, 천문학자들이 등장하여 사유의 전성시대를 이루었다.

춘추전국시대의 제자백가들이 세상의 문제, 즉 천하를 구할 '방법론'을 탐구했다면 그리스의 소피스트들은 자연의 문제, '왜?'를 추구한 것이 차이였다. 동양이 'How'를 추구했다면 서양은 'Why'를 추구했던 것이다. 그리스의 정신적 사유물들은 지금도 막강한 영향을 미치고 있다.

옛날 그리스에서 사상, 철학, 과학, 사유가 탄생할 수 있었던 배경은 그리스 신화와 지리적 여건 그리고 민주주의와 광장이 그 요인이었다. 그중에서도 신화가 가장 중요했다.

그리스에는 수많은 신화가 있다. 그리스 반도 전체가 신들의 고향이었다. 그런데 특이한 점은 그리스의 신들은 사람과 마찬가지로 사랑하고 미워하고 질투하고 음모를 꾸미고 싸움을 했다. 죽음만 없을 뿐 사람과 온전히 동일한 존재였다. 이것이 다른 문명권의 신들과 확연히 구별되는 점이다.

고대사회는 어디나 신에 관한 관심이 최우선이었다. 사람에게 길흉화복을 주고, 농사철에 맞추어 비를 내려주고, 따뜻한 햇살로 곡물의 결실을 맺게 해주는 존재가 신들의 역할이라고 믿었기 때문이었다. 그리고 궁극적으로는 신과 하나가 되어 영생을 누리는 것이 고대인들의 공통된 소망이었다.

그래서 일단 문명이 일어서면 궁궐 다음으로 짓는 게 신전이었으며 신에게 제사를 드리는 일이 일 년 중에서 가장 중요한 날이었다. 자신들이 모시는 신에게 제사를 드리는 제사장은 통치자 다음으로 권위가 높은 사람이었다.

그러나 그리스에서는 어떤 절대적인 신도 없었을 뿐만 아니라 신도 인간과 마찬가지로 이성과 감정을 가진 존재였다. 그래서 신도 얼마든지 분석과 비판의 대상이 될 수 있다는 분위기를 만들어주었다.

심지어 그리스 신화에서는 최고의 신 제우스를 지독한 바람둥이로 그리고 있다. 그는 일단 마음에 드는 여인을 발견하면 수단과 방법을 가리지 않고 욕심을 채웠다. 헤라를 범할 때에는 뻐꾸기로, 다나를 범할 때는 금비로, 레다를 범할 때는 백조로, 이오를 범할 때는 구름으로, 에우로파를 범할 때에는 흰소로 변신했다.

심지어 암피트리온의 아내 알크메네에게 반한 제우스는 암피트리온이 전쟁에 나간 사이에 암피트리온으로 변신하여 그의 아내와 동침했고, 거기서 낳은 아들이 헤라클레스였다. 만약 기독교나 이슬람교에서였다면 자신들이 섬기는 신을 음란한 존재로 상상하는 것만으로도 지옥에 떨어질 불경죄였을 것이다.

신으로부터의 자유를 얻은 그리스인들은 신의 관점이 아닌 인간적 관점에서 세상을 보기 시작했고, 자연스럽게 우주와 자연으로 눈길을 돌렸다. 그것이 그리스의 철학이었고 과학이었으며 예술이었다.

만약 외계인들이 지구를 방문했을 때 그들에게 지구촌에서 철학이 가장 먼저 발달한 곳을 찾으라면 당연히 그리스를 지목할 것이라는 이야기가 있다. 이는 그리스가 천혜적으로 학문이 발달할 조건을 갖추고 있었다는 이야기가 된다.

그리스는 발칸반도 남쪽 끝에 있는 반도로 80%가 산지나 구릉으로 되어 있고 산으로 둘러싸인 평지에 도시국가들이 발달했다. 그 앞으로는 잔잔한 에게 해가 펼쳐진다. 그리고 바다 위에는 3,000여 개의 섬들이 떠 있다. 험준한 산들로 구획된 반도이기에 강력한 중앙집권적인 국가보다는 자유로운 도시국가들이 발달할 수 있는 지형적인 특성을 가지고 있다.

그리스 사람들의 눈에 보이는 것은 앞으로 펼쳐진 에게 해, 뒤로는 그리스 반도, 맑은 하늘에 떠 있는 태양, 이것으로 그리스 사람들은 만물이 물(바다), 흙(그리스 반도), 불(태양), 공기(하늘)로 이루어져 있다고 믿었다. 여기서부터 그리스적인 사유가 시작된 것이다.

그리스인들은 천성적으로 권위를 싫어했다. 신에 대한 권위도 강력한 군주의 출현도 원하지 않았다. 그래서 독립적이고도 자유로운 분위기의 도시국가가 발달하면서 기적과 같은 민주주의를 이룰 수 있었다.

그리스인들은 매일 아크로폴리스 광장이나 아고라 광장에 모여 우주와 사물 그리고 진리에 관해 토론했다. 그리고 여기서 학문적인 토대를 이룩한 철학자들은 BC 585년부터 아카데미를 설립하여 후학들을 가르치면서 화려한 학문의 꽃을 피우게 되었다.

: 문명의 발달과정 :

문명이란 무엇인가? 사전적인 정의와는 상관없이 문화나 문명을 정의하라면 한 마디로 삶의 '여유'가 남긴 흔적이라고 말하고 싶다. 삶의 여유에서 가장 중요한 것은 정신적인 여유와 먹고사는 문제로부터의 여유였다.

역사가 헤로도토스는 이집트 문명을 가리켜 나일 강의 선물이라고 말했다. 나일 강의 범람을 가리키는 말이다. 나일 강의 범람은 축복인 동시에 시련이기도 했다. 축복이라 함은 해마다 한 번씩 범람하는 강물이 상류에서 비옥한 흙을 날라다 주는 바람에 이집트인들은 풍요로운 수확을 거두어들일 수 있었다. 그 점이 축복이었다,

메소포타미아문명의 경우는 티그리스, 유프라테스 강의 물을 끌어들이는 관개농업을 했기 때문에 나중에는 토지 염화현상이 일어나 문명 자체가 몰락하고 말았지만 이집트에서는 매년 나일 강이 범람하면서 비옥한 흙을 날라다 주었기 때문에 많은 곡물을 수확할 수 있었다.

시련이라 함은 해마다 나일 강이 범람하는 바람에 제방을 쌓고 범람 이후의 토지를 측량하고 농지를 정리해야 했기 때문이다. 그러나 그러는 과정에서 하천 관리기술, 측량술, 토목기술이 발달하였

다. 또 범람시기를 예측하기 위해 태양력과 천문학도 발달하기 시작했다. 이 시련이 문명을 일으키는 원동력이 되었다는 의미이다. 여기서 토인비는 '도전과 응전'이라는 개념을 찾아냈다.

농사를 짓기 위해서는 사람들의 협업이 필요했다. 강물을 끌어들이고 강물의 범람을 막기 위해 제방을 쌓아야 했기 때문이다. 파종과 수확을 위해서도 협업이 필요했다. 그래서 고대문명들은 수량이 풍부한 강변 비옥한 땅에 공동체를 이루며 살았다.

이처럼 많은 인력을 동원하기 위해서는 강력한 중앙집권적인 권력이 필요했다. 고대문명사회 모두가 강력한 전제군주제였던 것도 이 때문이다. 전제군주는 한해 농사의 풍년을 기원하고 전쟁에서의 승리를 빌기 위해 종교를 만들고 신전을 세웠다. 자신의 권위를 나타내기 위해 신전과 호화로운 궁궐을 지었고 피라미드를 건설했다. 공동체의 규모가 커지면서 공동체가 추구해야 할 규범, 가치, 법률이 제정되었고 이것을 기록할 문자가 생겨났다.

인류 최초의 문자는 고대 수메르인들이 이룩한 메소포타미아문명에서 발견된 함무라비 법전이었다. 석판에 새겨진 이 법전에는 긴 서문과 282조에 이르는 방대한 분량의 조문으로 이루어져 있다. 그 282조에는 오늘날의 헌법, 형법, 민법, 상법 등에 해당되는 내용들이 상세히 기록되어 있어 이 사회가 이룩한 문명의 흔적을 살필 수 있다. 헌법 전문에 해당되는 서문에는 공동체가 추구할 가치와 정신이 담겨 있다. 이렇게 시작된다.

함무라비 법전은 지배자가 만든 법전이지만 신의 권위를 빌리고 있다. 이 법전에는 기독교 구약에 나오는 십계명이나 율법의 내용들도 상당수 포함되어 있다. 구약에 나오는 천지창조, 에덴동산, 바벨탑 이야기, 노아의 홍수 등이 모두 수메르 신화에도 공통적으로 나오고 있다.

모세의 구약이 BC 1400년, 수메르 신화가 이보다 1000년 앞섰다는 점을 감안한다면 구약의 내용 상당 부분은 메소포타미아문명의 영향을 받은 것이 분명해 보인다. 더욱이 구약에 기록된 모세는 메소포타미아의 갈대아 우르지역에 살다가 나중에 가나안 땅으로 들어간 사람이었다.

● ● ●

삶의 여유가 남긴 정신적인 흔적이 문화라면 물질적인 흔적은 문명일 것이다.

영국이나 프랑스에서는 문화와 문명을 구분하지 않고 '문명'이라는 단어 하나에 두 개념을 모두 담고 있지만 같은 유럽이라도 독일에서는 이들을 엄격하게 구분한다. 특히 스펭글러와 같은 역사학자는 인류가 남긴 '정신적인 유산'을 문화라고 보고 '물질적인 유산'을 문명으로 규정하면서 문화를 문명보다 절대적으로 우월한 지위에 올려놓았다.

그의 이러한 문명관에는 독일이 처했던 시대적인 배경을 돌아볼 필요가 있다. 당시 독일은 영국에 비해 산업이 낙후된 상태였다. 따라서 영국이나 프랑스의 개념으로 문명을 다룬다면 독일은 이들에 비해 후진 문명국이 되어야 했던 것이다.

그래서 스펭글러는 영국이나 프랑스보다 앞섰던 독일의 철학이나 문학을 앞세워 독일이 이들보다 앞선 문명국이라는 주장을 하고 싶었던 것이다.

그에 의하면 문명의 전개 패턴은 인간의 고매한 정신활동이 문화를 낳고 이것이 과학이나 기술과 결합되면 물질문명으로 옮겨간다. 그리하여 물질문명이 절정에 달하면 그 문명은 창조적 에너지를 상실하여 몰락으로 이어진다. 곧 물질문명의 전성기를 몰락의 시작으로 보고 있는 것이다.

물질문명에는 정신이 없기 때문에 물질문명이 극에 달하면 타락할 수밖에 없다는 것이다. 스펭글러가 《서구의 몰락》을 쓴 것도 당시 서구의 서구문명이 절정에 달한 것으로 보았기 때문이었다.

정신적인 가치 중에서도 종교는 문명권을 가르는 중요한 기준이 되기도 한다. 문명사가 토인비나 현대의 헌팅턴 같은 학자는 문명이라는 단어를 국가보다 훨씬 더 넓은 의미로 사용하고 있다.

유럽과 미국은 아주 먼 거리를 사이에 두고 있지만 기독교 신앙을 공유하고 있기 때문에 같은 서구문명으로 분류되는 것이다. 이슬람

교는 중동지역뿐 아니라 아시아권까지 넓게 형성되어 있지만 이를
모두 이슬람문명권으로 보는 것과 같은 입장이다.

문명에는 불의 흔적이 보인다. 글씨가 문화를 낳았다면 문명을 낳
은 것은 불이었다. 문명의 역사는 불의 역사이기도 하다. 불이 없었
다면 인류는 지금도 원시 상태를 벗어나지 못했을 것이다. 인류는
불을 이용하면서 맹수를 물리치고 추위를 이겼으며 음식을 익혀 먹
을 수 있었다. 이것이 문명의 시작이었다.

어떤 종류의 불을 얼마나 이용하느냐 하는 것이 문명의 척도가 될
정도였다. 인류는 처음 번갯불에서 채화를 했고 BC 7천 년 전에는
마찰이나 부싯돌을 이용하여 불을 얻었다. 인류역사상 불을 만드는
방법을 몰랐던 인종은 벵골만 지역에 사는 안다만족과 콩고에 있는
소수의 피그미족뿐이라고 한다.

불의 흔적은 또 그릇에서도 발견된다. 같은 흙으로 빚은 그릇이지
만 1,300°C 이하의 온도에서는 질그릇이 되지만 1,500°C에서 구우
면 도자기가 된다. 그래서 고고학자들은 도자기 파편 하나만으로도
어느 정도의 문명이었는지를 분간할 수 있다.

불은 또 도구를 만드는 수단이었다. BC 3천 년경에는 광석에서 구
리나 주석을 녹여 청동을 만들었고 BC 1천 년경에는 철광석을 녹여
철을 생산할 수 있었다. 청동과 철광석은 불의 이용 면에서 큰 차이

를 보인다. 장작불로는 청동밖에 녹일 수 없지만 장작보다 화력이 훨씬 더 강한 목탄(숯)을 이용하여 철을 녹일 수 있었다.

고대사회에서 청동무기를 가지는 것과 철제무기를 가지는 것은 하늘과 땅만큼의 차이가 났다. 청동무기를 가졌던 메소포타미아문명은 철기무기로 무장한 히타이트 민족의 침입으로 결정적으로 붕괴된 것이다.

석탄을 사용하게 되면서 인류는 산업사회로 진입했고 석유를 사용하게 되면서 현대문명을 이룩했다. 19세기에 영국이 세계의 주역이 되었던 것도 석탄을 이용한 산업혁명을 주도했기 때문이며 미국이 20세기의 주역이 되었던 것도 석유를 가장 먼저 장악했기 때문이다. 현대문명은 원자력 에너지의 이용으로 나아가고 있다. 그래서 문명에서는 불의 흔적이 보이는 것이다.

: 문명의 몰락을 보는 '순환론과 서진론' :

이 땅에 나타났던 모든 문명은 몰락했다. 문명을 바라보는 사관으로는 순환론, 문명 유기체론, 토인비의 문명사관 등이다. 문명의 서진론도 문명의 몰락을 피할 수 없는 것으로 보는 점에서는 일종의 숙명론이다.

• • •

　중세 이전까지는 동서양 모두 순환론이 우세했다. 인도, 중국, 페르시아 등에서 순환론이 많이 발견되고 있다. 인도의 힌두교 사상가들이나 동양의 공자, 맹자 등이 순환론자였다. 서양 철학의 원조 플라톤도 순환론자였다. 계절의 순환이 그러하고, 왕조의 순환이 그러하고, 문명이나 제국의 흥망성쇠 과정이 거의 흡사한 패턴을 그리며 피고 진다는 것이다.

　인도에서는 왕조 순환론에서 한발 더 나아가 우주 순환론으로까지 발전하였다. 인도의 우주관에서는 하나의 세계가 태어나고成 이어지다가住 몰락하고壞 사라지고空 나면 또 다른 세계가 같은 과정을 반복하는 것으로 보았다. 인도인들이 생각하는 순환주기는 1만 2천 년이었다.

　고대 중국의 우주관은 음양오행의 순환법칙을 따르고 있다고 믿었다. 음과 양, 그리고 목, 화, 토, 금, 수 다섯 개의 오행이 이합집산하면서 연출해내는 형상이 곧 역사라는 생각이었다. 묘하게도 이 다섯 개의 오행들은 지구에서 관찰할 수 있는 수성, 금성, 화성, 목성, 토성과 일치했다. 그래서 우주의 운행은 음과 양인 달과 태양 그리고 다섯 개의 오행이 일으키는 변화의 과정이라고 믿었다.

　공자, 맹자로 대표되는 동양의 순환론은 주로 왕조 순환론이었다. 공자, 맹자는 고대 중국 왕조들의 탄생과 몰락 과정을 지켜보면서 순환적인 패턴을 발견하게 된 것이다. 중국의 고대왕조는 하, 은, 주

세 나라였고 이들이 살던 시대는 주나라가 몰락하고 제후들이 다투던 춘추전국시대였다. 하, 은, 주 세 나라는 일어서고 몰락한 과정이 판에 박은 듯이 똑같았다.

하나라는 우왕이 세우고 걸왕에서 망했으며, 은나라는 탕왕이 세우고 주왕에서 망했으며, 주나라는 무왕이 세우고 유왕에서 망했다. 일어서는 과정은 모두가 성군이 나타나 전 왕조의 폭정을 뒤집고 새로운 왕조를 세운다. 그러나 왕조가 이어지는 동안 새로운 폭군이 나타나 다시 몰락의 길을 걸었다. 하, 은, 주 세 나라의 몰락 과정은 판에 박은 듯이 완전히 똑같았다.

하나라 걸왕은 말희라는 여자에, 은나라 주왕은 달기라는 여자에, 주나라 유왕은 포사라는 여자에 빠져 호화로운 궁궐을 짓고 후원에 연못을 조성하여 주색에 빠지면서 국정을 돌보지 않았다. 주지육림이라는 말도 여기서 나왔다. 연못의 바닥에 옥을 깔아 술로 채우고 주위에는 고기를 걸어 숲을 이룰 정도였다. 그러는 동안 백성은 도탄에 빠지고 왕조에 대한 원성이 높아갈 무렵이면 성군이 나타나 새로운 왕조를 세웠다.

이를 목격한 유학자들은 모든 왕조는 성군으로 시작하여 시간이 지날수록 타락하여 폭군에 이르러 막을 내린다고 생각했다. 그중에서도 맹자는 역사를 이상적인 과거로부터 점점 쇠퇴하여 무질서한 현재로 이어진다고 보았다. 마치 열역학 제2법칙 이야기를 듣는 것 같다. 이들은 역사도 탄생, 성장, 노쇠, 사멸의 과정을 거치는 계절처럼 피고 지는 것으로 이해하였다.

플라톤의 순환사상을 보자. 플라톤이 활동하던 시기는 그리스의 도시국가가 해체되는 위기 상황이었다. 플라톤은 그리스가 당면한 위기의 원인을 스승 소크라테스를 처형한 중우정치에서 찾았다. 그에 의하면 국가의 형태는 왕정, 귀족정, 민주정이 있다. 그러나 어느 것도 완전하지 못하여 왕정이 타락하면 폭정이 되고, 귀족정이 타락하면 과두정치가 되고, 민주정치가 타락하면 중우정치가 된다.

그리하여 이 여섯 단계는 꼬리를 물고 서로 이어지고 있다. 그와 같은 생각은 르네상스를 거쳐 니체, 슈펭글러, 토인비 같은 근대 사상가들에게로 이어졌다.

현대에도 순환론자가 없는 것은 아니다. 오히려 늘어나는 추세로 보아야 할 것 같다. 영원할 것 같던 서양이 지고 동양이 다시 세계사의 주역으로 등장하는 것 등이 순환론에 무게를 실어 주는 현상들이었다. 《문명의 충돌》을 쓴 정치학자 새무엘 헌팅턴도 그중 하나이다. 그는 고대 로마와 미국을 비교하면서 로마의 몰락 과정과 미국의 쇠락 과정이 동일한 패턴으로 가고 있음을 지적하고 있다.

로마의 몰락이 제국주의에 의한 지나친 팽창주의 때문이었다면 구소련의 몰락 이후 유일 강대국이 된 미국도 로마가 걸었던 궤적을 그대로 뒤따르고 있다. 세계의 경찰을 자처하면서 남의 제사상까지 간섭하려는 태도가 그러하고, 재정적자로 위기를 맞고 있는 것도 그러하다. 세상이 평화로울 때는 발전론자가 나타나고 세상이

암울할 때는 순환론자가 나타난다. 순환론적 사고에는 다소 운명론적인 역사의식이 깔려 있다.

서구적인 우월감에서 나온 사관에 찬물을 끼얹은 사람이 《서구의 몰락》을 쓴 독일의 역사학자 스펭글러였다. 그는 이집트, 인도, 바빌론, 중국, 그리스-로마, 비잔틴-이슬람, 서유럽, 마야 등 찬란한 문명을 일구었던 8개의 문명권을 분석하면서 역사와 문명을 '내적으로 결속된 하나의 유기체'로 인식했다. 유기체적인 에너지가 왕성할 때는 찬란한 문화의 꽃을 피우지만 그 에너지가 쇠하면 문명도 여느 생명체처럼 쇠퇴기를 거쳐 소멸해갈 수밖에 없는 것으로 파악했다.

스펭글러는 역사나 문명이 어떤 지향점을 가지고 나아가는 것이 아니라 여느 유기체처럼 태어나고 자라고 성숙기에 이른 후에는 초기의 창조적인 에너지가 고갈되고 물질적인 안락이 정점에 달하면 몰락을 피할 수 없는 것으로 보았다.

스펭글러는 1000년이 넘는 역사를 자랑하며 영원할 것 같던 로마의 멸망을 두고 이의 원인을 가정家庭에서 찾았다. 초기에는 건강한 로마의 가정이 있어 제국 건설의 에너지가 되었으나 성이 문란해지고 물질적인 안락이 극에 이르러 결국 로마는 멸망했다는 것이다.

스펭글러가 살았던 19세기 후반에서 20세기 초반의 서구사회는 로마가 몰락했을 당시와 똑같이 창조적인 에너지가 고갈되고 물질적인 안락과 성적인 타락이 극에 이른 것을 보고서 스펭글러는 서구의 몰락을 필연적인 것으로 예언했다. 스펭글러의 이론은 19세기와 20세기 세계를 지배하던 유럽 여러 나라들에게는 충격적인 경고였다.

스펭글러는 문화와 문명을 엄격하게 구분했다. 문화의 바탕이 정신이라면 문명의 바탕은 물질이었다. 고귀한 정신이 창조적인 에너지로 발현되는 형태를 문화라고 본 반면 그것이 물질로 대체되는 현상을 문명으로 보았다.

그리하여 문학, 철학, 종교, 예술 등의 고급스러운 정신문화가 산업, 기술, 경제, 경영 등 물질문명에 자리를 내주는 것을 문명이 몰락하는 시작단계로 이해한 것이다. 문화가 문명으로 옮겨가는 현상 자체를 쇠락으로 본 것이다. 창조적 정신이 사라지고 지식 혹은 기술이 그 자리를 대신했으며 진정한 문학이 사라지고 대중문화, 과학기술, 스포츠가 그 자리를 차지하면서 서구문명은 몰락의 길을 걷고 있다고 본 것이다.

그는 서구 중심 문명의 절대성을 부정하고 상대성을 강조했다는 점에서 니체의 영향을 받았고, 역사를 태어나고 자라고 노쇠과정을 거치는 유기체로 본 점에서는 괴테의 영향을 받았다.

스펭글러가 쓴 《서구의 몰락》을 접하면서 토인비는 큰 충격을 받았다. 독일과 영국이라는 국적은 달랐지만 두 사람은 동시대의 역사가였다(스펭글러가 토인비보다 9살 위다). 토인비가 생각하기에 당시 유럽사회는 비록 1차 세계대전이라는 전쟁을 치루기는 했지만 같은 문명을 공유하고 있었고 기독교라는 같은 정서를 공유하고 있었다. 서구가 이룩한 과학문명, 물질문명은 타의 추종을 불허하는 수준이었기 때문에 서구의 몰락은 상상도 할 수 없는 일이었다.

여기서 토인비는 스펭글러의 견해를 받아들여 문명이 기승전결을 거치는 순환구조이기는 하지만 일률적으로 같은 길을 가는 것은 아니라고 보았다. 역사의 바퀴가 헛된 반복만 되풀이하는 것은 아니라 도전에 대한 응전 여하에 따라 결과가 달라질 수 있다고 본 것이다.

이러한 자신의 생각을 정리하기 위해 토인비가 도입한 개념이 도전과 응전이었다. 스펭글러가 문명과 역사의 몰락을 숙명적으로 본 것에 비해 토인비는 인간의 의지인 '응전'을 강조했다. 응전이란 곧 인간의 자기결정력이다. 도전에 직면하여 과감히 응전할 수 있는 자기결정력을 어떻게 행사하느냐에 따라 역사는 다르게 진행될 수 있으며 그래서 역사는 발전적으로 순환한다고 믿었다.

토인비는 구약성서의 '욥기'와 괴테의 '파우스트'에서 도전과 응전의 개념을 얻었다고 한다. 욥기와 파우스트에서처럼 신은 인간을 향해 끊임없이 문제를 제시한다. 이는 인간에게는 커다란 시련인 셈이다. 이 도전에 어떻게 답하느냐에 따라 역사는 퇴보하거나 정체되거나 진보한다. 그래서 토인비의 역사관은 다분히 기독교적인 냄새가 풍긴다. 역사가들로부터 기독교사관이라는 비난을 받게 되는 이유이기도 하다.

《역사연구》에서 그는 외부의 도전에 효과적으로 응전한 문명은 찬란한 역사를 남겼지만 그렇지 못한 문명은 사라졌다고 기록하고 있다. 26개 문명의 등장과 쇠퇴에서 문명은 창조적 도전이 성공적으로 이루어졌을 때 문명이 형성되었으며 창조적 대응을 멈추거나 쇠퇴했을 때 민족주의, 군국주의, 전제적 소수의 독재정치가 등에 의해 몰락했다고 지적했다.

● ● ●

토인비의 문명사관은 다소 기독교적인 색채를 띠기는 했지만 그동안 서구 학자들이 저지른 오류들을 바로잡은 것도 많았다. 그 이전의 서구 학자들의 이론은 서구를 중심으로, 서구문명의 우월성을 전재로 기술한 것들이 대부분이었다. 그들에 의하면 문명은 (서구인들과 같이) 우수한 민족들에 의해서, (서구와 같은) 안락한 환경에서만 문명이 탄생할 수 있다는 견해였다.

그러나 토인비는 자신이 분석한 문명 가운데 아프리카 흑인종을 제외한 모든 인종들이 문명을 일구었다고 분석했다. 그보다 좀 더 중요한 문제는 환경이었다. 서구와 같은 좋은 환경에서만 인류의 보편적인 문명이 일어날 수 있다는 견해에 대해 토인비는 '가혹한' 환경은 아닐지라도 '열악한' 환경에서 문명이 일어난다고 본 것이다. 세계 4대 문명이 일어난 곳이 비교적 열악한 자연환경이었고 그것을 이겨내기 위한 응전의 결과가 문명이었다는 것이다.

효과적인 응전의 사례로 토인비는 이집트문명을 든다. 이집트문명을 일군 부족은 원래 북아프리카와 서아시아 지역에서 수렵생활을 하던 부족들이었다. BC 5~6천 년 전 기후변화로 강우전선이 유럽으로 옮겨 가자 초원의 풀은 모두 말라 버리고 빠르게 건조지대로 변했다.

　여기서 이들에게는 3가지 선택의 길이 있었다.

　그 결과로 그곳에 남아 옛날 방식을 고수하던 부족은 소리 없이 사라졌으며 유목으로 삶의 방식을 바꾼 부족은 아프리카 스텝지역의 유목민이 되었다. 마지막으로 나일 강변으로 거주지를 옮기고 농업과 목축을 시작한 부족은 찬란한 이집트문명을 일구었다는 것이다.

　나일 강변은 땅이 비옥해서 농사에 적합했으나 주기적으로 범람하는 홍수가 문제였다. 토인비의 표현을 빌리면 자연의 '도전'이었다. 홍수의 범람을 예측하기 위해 천문학과 태양력이 발달했고 나일 강의 제방을 쌓는 동안에 수레와 도르래가 발달했으며 이것이 후일 피라미드를 건설하는 원천기술이 되었다. 또 홍수가 지나간 농경지를 측량하느라 기하학이 발달했다. 자연의 도전에 대한 인간의 응전이었다. 이것으로 쾌적한 자연환경에서 문명이 일어난다는 종전의 학설을 뒤집어 버렸다.

　토인비의 사관에서 또 다른 중요한 관점은 '창조적 엘리트'였다. 문명은 대중이라는 다수에 의해 창조되는 것이 아니라 창조성을 지닌 소수의 엘리트에 의해 창조된다는 이론이다. 하나의 공동체가 외부의 도전에 직면하면 다수는 수동적으로 행동하기 때문에 효과적인 대응을 할 수가 없다는 것이다. 여기서 창조적인 소수의 엘리트들이 도전에 성공하여 창조적인 지배계층이 된다고 보았다.

같은 맥락으로 문명의 쇠퇴 역시 창조적인 소수 엘리트들의 창조력의 상실 때문으로 보았다. 여기서 토인비는 흥미로운 가설 하나를 제시하고 있다.

창조적 소수가 그 사회가 당면하는 도전에 대해 두 번 이상 잇따라 성공적으로 응전하기가 쉽지 않다는 것이다. 첫 번째 응전에서 성공한 창조적 엘리트들은 지배계층이 되지만 시간이 지나는 동안에 사회를 지탱하는 기술적, 물리적, 군사적 요소는 점점 더 복잡해지는 반면 창조적 소수의 정신적인 에너지는 쇠락하기 때문이라는 것이다.

• • •

문명을 보는 또 다른 하나의 관점은 문명의 서진론이다. 문명은 동쪽에서 서쪽으로 이동한다는 주장이다. 회전하는 지구의 위에다 끈끈한 점액성 액체를 떨어뜨리면 이 액체는 지구의 자전에 의해 천천히 동에서 서로 움직이는 것과 같은 이치다.

메소포타미아에서 시작된 인류문명이 이집트, 에게 해를 거쳐 그리스, 로마로 흘러갔고 로마문명은 다시 스페인으로 넘어갔다가 칼

레 해전에서 영국 해군이 스페인 무적함대를 격파함으로써 주도권은 영국으로 넘어갔다. 그리고는 대서양을 건너 가 20세기를 미국이 주도했다. 그것이 일본, 한국 등 동아시아로 옮겨오고 있다는 주장이다.

물론 이에 대한 반론도 만만치 않다. 무엇보다 과학적이지 못하다는 비판이다. 그러나 사람과 문명의 이동은 남북으로 이동하기보다는 동쪽에서 서쪽으로, 아니면 서쪽에서 동쪽으로 수평적으로 이동하는 것이 훨씬 쉽다. 남북으로의 이동은 기후대가 다르지만 동서로의 이동은 같은 기후이기 때문이다.

몽골 초원의 유목민들이 1만km에 이르는 유라시아 대륙을 동서로 옮겨 다녔던 것과 같은 맥락이다. 농작물도 같은 위도를 따라 이동하기가 훨씬 용이하고 사람과 문명도 마찬가지라는 것이다.

위의 어느 경우든 문명은 유기체적인 특성을 가지고 있으며 흥망성쇠의 과정을 거치면서 이동하는 것만은 틀림없어 보인다. 외부의 도전에 의한 것이든 내부적인 모순에 의한 것이든 역사, 문명, 민족, 국가, 기업도 이러한 패턴을 그리면서 끊임없이 변한다. 세상에 변하지 않는 유일한 진리는 '모든 것은 변한다.'는 그 하나의 명제뿐일 것이다.

: 문명의 발전사관 :

문명의 몰락을 피할 수 없다고 보는 앞서의 순환론, 유기체론, 문명사관 등에 비해 문명은 몰락하는 것이 아니라 직선적 혹은 나선형으로 발전한다고 믿는 것이 발전사관이다. 이에는 직선사관과 헤겔의 관념론 등이 있다.

직선사관은 다분히 기독교의 영향을 받은 것으로 중세 이후 서양에서 등장한 사상이다. 기독교에서는 이 세상이 하늘의 의도에 의해 창조되었으며 하늘이 목적하는 바를 향해 직선으로 나아가고 있다고 믿는다. 그런 의미에서 목적사관이라고도 할 수 있다.

지고한 선善의 결정체인 하늘과 원죄原罪를 범한 인간의 싸움에서 하늘이 승리하여 최후의 심판을 거쳐 천년왕국이 이룩된다는 것이 기독교사관이다. 근대에 들어서는 다윈의 진화론도 직선사관에 한몫을 보탰다. 인류도 끊임없이 진화한다는 믿음이었다.

18세기 계몽주의 이후에 본격적으로 등장한 진보사관은 기독교의 신을 배제하기는 했지만 인류 역사는 기술이나 물질적인 측면에서 뿐만 아니라 지적, 도덕적으로도 점점 더 발전해간다는 생각이었다.

《로마제국의 몰락》을 쓴 계몽시대 최고의 역사가 에드워드 기번은 세계의 각 시대는 인류의 진정한 부와 행복, 지식과 덕을 증진시켜왔고 지금도 증진시키고 있는 중이라고 말하고 있다.

사실 기번이 살았던 18세기 당시는 영국이 최고의 전성기를 누리던 때였다. 당시 해가 지지 않는 나라였던 영국이 세계의 부는 물론 과학, 기술, 산업을 모두 지배하고 있었으니 진보에 대한 확신을 가질 만한 때였다. 이러한 진보사관에는 서구 우월주의가 숨어 있다. 그의 서구 우월주의는 다음과 같은 그의 언급에 잘 나타나 있다.

"바람과 파도는 항상 가장 유능한 항해자의 편에 선다."

이는 서구의 과학과 기술이 세계를 지배할 당시여서 진정한 진보문명은 서구문명이며 여타의 문명은 창조력이 없는 정체된 문명이라는 시각을 깔고 있었던 것이다.

직선사관은 보통 역사를 발전한다고 보는 시각이지만 후퇴한다고 보는 사람도 적지 않다. 인도, 메소포타미아, 중국 등에서는 역사를 선한 것에서 악한 것으로 나아가는 과정이라고 보는 견해가 많았다. 그래서 좋은 시기는 늘 옛날이었으며 지금은 '말세'라는 이야기를 많이 하게 되는 것이다.

지금의 엔트로피 이론에서 보면 역사는 질서에서 무질서로, 선한 것에서 악한 것으로 나아가는 과정일 수도 있다.

직선사관을 궁극의 경지로 끌어올린 이가 헤겔이다. 그는 이성을 세계를 움직이는 실체로 보고 세상의 모든 것은 이성의 자기실현 과정으로 보았다. 이의 설명을 위해 도입된 개념이 변증법이었다.

하나의 명제 정正이 있다고 할 때 이것은 아직 완전한 상태가 아니다. 그리하여 시간이 지나면서 내적인 모순이 표출되거나 이와는 대립되는 새로운 명제가 나타난다. 이것이 반反이다. 정과 반은 갈등을 통해 새로운 좀 더 완전한 명제 합슴으로 나아간다. 그러나 도출된 합 역시 완전한 것이 아니기에 좀 더 완전한 새로운 합으로 나아간다. 그리하여 세상 모든 것은 끊임없는 자기모순을 극복해가면서 어떤 절대정신을 향해 나아간다고 보는 것이 변증법의 요체이다.

헤겔이 생각한 변증법은 단순히 직선적인 진보가 아닌, 기존의 신념체계正에 대한 반성을 통해反 전혀 다른 차원의 사고슴로 나아가는 과정을 가리키는 말이다. 모순과 대립이 더 나은 합을 이끌어낸다는 점에서 헤겔이 주장하는 직선사관은 엄격하게 말하면 나선형사관일 것이다. 목표를 향해 나아가되, 어느 정도의 시행착오를 거듭하면서 갈지자之를 그리면서 나아간다고 보면 맞을 것 같다.

● ● ●

헤겔은 역사를 지나치게 관념적으로 본 나머지 역사적인 사실을 너무 무시했다. 이에 대한 반발로 등장한 것이 랑케의 역사주의이다. 그리하여 랑케는 역사적 사실 그 자체에 가장 큰 비중을 두었다. 근대 역사학을 확립한 랑케는 이렇게 말한다.

"역사가란 자신을 죽이고 과거가 본래 어떠한 상태에 있었는가를 밝히는 것을 지상 과제로 삼아야 한다."

역사적인 사실들에 대해 진보니 퇴보니 하는 주관적인 해석을 붙이지 말자는 주장이었다. 그는 역사학의 임무를 '실제로 그것이 어떠했느냐?'를 밝혀내는 것이라고 주장하면서 객관적 역사 서술을 주장하였고 엄정한 객관적 사료에 의한 학문적인 접근 방법을 확립했다.

여기서 다시 랑케의 사실주의적인 역사관에 반대한 사람이 E. H. 카였다. 헤겔의 역사관이 지나치게 정신을 강조하는 주관적인 것이라면 랑케의 역사관은 지나치게 가치중립적이었다.

E. H. 카는 역사란 과거에 있었던 사실을 단순히 발견만 하는 것에 그치는 것이 아니라 그것에 현재적인 관점에서 하나의 '의미'를 부여하는 것이라고 보았다. 과거의 사실을 현재적인 관점에서 다시 해석하려 했다는 점에서 상대주의로 불린다.

그는 자신의 저서 《역사란 무엇인가?》에서 '역사란 현재와 과거와의 끊임없는 대화'라고 정의하고 있다. 그 책의 내용은 1961년에 있었던 케임브리지 대학의 6회에 걸쳐 강연한 내용으로 후에 BBC 방송과 주간지 리스너Listner를 통해서도 일반에게 알려졌다가 1961년에 단행본으로 출간되었다.

여기서 E. H. 카는 역사란 역사가와 사실 사이의 부단한 상호작용의 과정이며 현재와 과거 사이의 끊임없는 대화라고 주장했다. 역사 속에 나오는 과거는 사실 그 자체만으로는 의미가 없고 과거의 어떤 의미를 가질 때는 살아 있는 과거가 된다는 입장이었다.

비유가 적절할지 모르겠으나 찰스 다윈이 갈라파고스 군도에서 발견한 핀치새들의 다양한 부리 모양을 있는 그대로 기술한다는 것이 무슨 의미가 있겠느냐 하는 것이다. 그것이 먹이환경에 따른 진화의 결과였다는 '의미'를 부여하지 않으면 그 기술 자체는 무의미하다는 것이다.

그렇다고 해서 실증적인 사료를 왜곡시키거나 자의적으로 해석해도 좋다는 의미는 절대 아니다. 역사 속에서 그 시대적인 가치와 정신을 담아 낼 수 있는 사료를 가지고 현대적인 해석을 해야 한다는 의미다. 과거의 사실을 의미론적으로 접근했다는 점에서 E. H. 카는 헤겔에 다소 가깝다고 보아야 할 것이다.

헤겔이 기독교사관의 '신'의 자리에 '이성'을 올렸다면 헤겔의 충실한 추종자였던 마르크스는 '이성'의 자리에 '물질'을 올렸다. 그것이 마르크스의 유물사관이다. 마르크스는 역사를 생산관계에 있어서의 모순과 충돌, 즉 물질적 조건의 내적 모순에 의해 발전한다고 봤다. 그래서 세계는 원시공동체에서 노예제로, 봉건제를 거쳐 자본주의 사회로 나아갔다가 공산주의로 귀결된다고 주장했다. 마르크스의 주장은 종말이 있다는 점에서 기독교사관과 일맥상통하는 데가 있다.

• • •

칼 포퍼는 인간의 이성이나 판단은 언제든지 오류를 범할 수 있다고 보았기 때문에 반증의 가능성을 닫아 버리고 자신의 생각만이 옳다는 주장과 행동은 옳지 않다는 '도그마 이론'을 제창했다.

유대계 오스트리아인으로 태어난 과학 철학자 칼 포퍼는 자신의 저서 《열린 사회와 그 적들》에서 반증의 가능성을 닫아 두고 있는 주장은《도그마dogma》이며 만악의 근원이라고 비판했다.

　문명이나 역사를 보는 관점도 마찬가지다. 어느 주장이든 역사의 한 면을 설명할 수는 있어도 전체적인 설명을 하기에는 부족하다. 또 과거의 사례 몇 가지를 가지고 미래에 다가올 역사에 대해 어떠하리라고 혹은 어떠해야 한다고 주장하는 것 자체가 '도그마'라는 것이다.

　칼 포퍼는 처음 마르크스의 사회주의 운동에 참여했으나 나치즘, 파시즘, 볼세비키즘의 전체주의, 허구적인 이데올로기에 환멸을 느끼고 그들의 비인간적인 태도에 실망하여 전체주의에 대한 비판자로 돌아섰다. 그는 플라톤의 전체주의, 헤겔의 역사적 법칙론, 마르크스의 유토피아주의를 열린 사회의 적으로 규정하고서 혹독하게 비판했다.

　플라톤 철학의 핵심은 '이데아 이론'이다. 그에 의하면 모든 사물의 본질인 이데아는 현실에서는 존재하지 않고 오직 머릿속에서만 존재하며 우리가 경험하는 사물은 진리의 모사체일 뿐이라는 것이다. 세상의 장미가 모두 모양이 다른 이유는 현실 세계의 장미는 모두 '이데아'의 모사품이기 때문이라는 것이다.

　플라톤은 정치에서도 마땅히 지향해야 할 이상적인 정치체제를 설정하고 있다. 이상적인 국가란 '정의'가 실현되는 국가여야 했다. 그러나 그것이 민주주의는 아니었다. 잘못된 민주주의는 중우정치가 되어 국가가 추구해야 할 정의를 실현할 수 없다는 것이 플라톤의 생각이었다.

플라톤이 아테네 민주주의를 싫어했던 것은 스승이었던 소크라테스의 죽음을 목격하면서였다. 귀족 가문에서 태어나 한때 정치가가 되고 싶었던 플라톤은 스승 소크라테스가 우매한 군중들에 의해 죄 없이 독배를 마시는 상황을 맞아 민주주의에 대해 환멸을 느꼈기 때문이었다.

플라톤은 정의가 실현되는 이상적인 국가를 위해서는 지知, 덕德, 체體로 몸과 마음을 닦은 현자들이 다스리는 귀족정치가 되어야 한다고 주장했다. 플라톤이 추구했던 이상 국가는 지혜로운 지배계층과 용기 있는 군인과 절제할 줄 아는 일반인들로 구성된 계급사회여야 했다.

플라톤의 이러한 생각에 대해 칼 포퍼는 이성에 대한 과신을 버리라고 충고하고 있다. 이성은 완전하지 않으며, 완전하지 않은 이성이 설정한 이상주의나 결론은 얼마든지 오류일 수 있다. 그것이 진리가 될 수 있으려면 반증에 의해 수정될 수 있도록 열려 있어야 한다는 주장이었다. 칼 포퍼의 방법론 중 가장 중요한 것이 바로 '반증'이었다.

자연과학과 사회과학의 가장 큰 차이는 반증의 가능성을 얼마나 어떻게 열어 놓고 있느냐 하는 문제일 것이다. 과학 철학자이기도 했던 그는 인간의 이성이나 이해는 완전하지 못하다고 보고 반증을 과학적 방법론의 핵심으로 삼았다. 과학이 과학인 것은 바로 반증 가능성을 열어 놓고 있기 때문이라는 것이다.

예를 들면 뉴턴의 운동법칙이 당시로서는 모든 운동을 설명할 수 있다고 믿었지만 반증의 가능성을 닫아 두지는 않았다. 그리하여 아인슈타인의 상대성 이론에 의해 수정되면서 진리에 한 걸음 더 다가갔다. 아인슈타인의 상대성 이론 역시 그후에 나타난 양자역학의 불확실성 이론에 의해 좀 더 완전에 가깝게 다듬어졌다.

뉴턴의 이론이 지구상의 물리적인 세계에 타당한 이론이라면 상대성 이론은 빛이 쏘다니는 우주 공간에 합당한 이론이었고, 양자역학은 원자와 전자와 같은 미시의 세계에 합당한 이론이었다. 그 불확정성 이론 역시 반증의 가능성을 닫고 있지 않다는 것이다.

고대인들은 하늘의 태양과 달과 별들이 아침저녁으로 피었다가 지는 것을 바라보면서 자연스럽게 지구를 중심으로 저들이 돌고 있다는 생각이었다. 그런 생각이 고대 아리스토텔레스 이후의 우주관을 형성하는 하나의 패러다임이었다.

아리스토텔레스의 충직한 제자였던 프톨레마이오스는 스승의 생각을 뒷받침하기 위해 일생을 바쳐 정교한 우주 모형을 만들었다. 때로 후진하는 행성의 운동을 설명하기 위해 '주전원 운동'이라는 개념도 생각해냈다. 행성들이 지구를 중심으로 하나의 원운동만 하는 것이 아니라 스스로 작은 원을 그리면서 지구를 돌고 있다는 가설을 깔았던 것이다. 그것이 중세 기독교의 교리와 궁합을 맞추면서 천동설은 누구도 부인할 수 없는 완벽한 우주의 패러다임이 되었다.

결국 천동설은 코페르니쿠스-갈릴레오-뉴턴-케플러의 반증에 의해 폐기될 때까지만 유효한 패러다임이었다는 것이다. 지동설이 대세로 기울자 기독교는 충격에 빠졌다. 종교 개혁가였던 루터는 이렇게 탄식했다.

"하늘이나 하늘의 덮개, 해와 달이 회전하는 것이 아니라 지구가 회전한다는 것을 입증하려고 발버둥치는 오만불손한 인간이 나타났다. 그 바보는 천문학 전체가 뒷걸음치는 것을 바라고 있다."

시간이 흘러 지동설이 뒤집을 수 없는 대세가 되어 가자 괴테는 이렇게 탄식했다.

"지구가 우주의 중심이라는 엄청난 특권을 이제 포기해야 한다. 이제 인간은 위기에 봉착했다. 낙원으로의 복귀, 종교적 믿음에 대한 확신, 거룩함, 죄 없는 세상, 이런 것들이 모두 일장춘몽으로 끝날 위기에 놓인 것이다."

당시 사람들이 받았을 충격을 조금은 짐작할 수 있을 것 같다. 그러나 아무도 기독교의 이름으로 자행된 이 범죄에 대해 사과하는 사람이 없었다. 그러다가 2008년 12월이 되어서야 교황 베네딕토 16세는 짧은 사과문을 내놓았다.

"갈릴레오가 이룬 지동설에 대해 교회가 이를 이단과 악마적인 것으로 간주하고 그의 과학적 업적을 탄압한 것에 대해 이는 중세교회가 잘못한 크나큰 오점이었다."

갈릴레오가 죽은 지 366년 만에 나온 사과문이었다. 사실 가장 먼저 지동설을 주장한 것은 코페르니쿠스였지만 그는 종교적인 박해가 두려워 자신의 이론을 죽기 3일 전에야 세상에 내놓았다. 대신 자신의 이론을 추종했던 후배 갈릴레오와 같은 학자들이 박해를 받아야 했던 것이다.

　사회과학도 반증의 가능성을 열어 놓지 않은 이론은 허구이며 도그마일 뿐이다. 이것이 자연과학과 사회과학의 차이였다. 플라톤의 이데아는 이상주의 국가라는 가설을 낳았고, 여기에 역사 개념이 들어가면서 헤겔의 변증법이 되었고, 여기에 마르크스의 유물론이 가세하면서 공산주의 이론이 되었다.

　칼 포퍼는 개인의 자유가 무시되는 닫힌 사회의 전형을 나치즘, 파시즘, 볼셰비즘에서 확인했던 것이다. 이들은 모두 자신들이 설정한 가설을 진리라고 믿으며 반증의 가능성을 차단하고 전체주의적인 폭력으로 다른 사람들에게 강요했기 때문에 열린 사회의 적이었던 것이다.

　칼 포퍼가 보는 역사는 어떤 목표 혹은 목적을 향해 나아가는 것이 아니라 당면한 문제들을 하나하나 해결해가는 과정뿐이었다. 그렇기 때문에 모든 과학적인 이론은 가설일뿐이며, 후일의 반증을 위해 도그마에 빠지지 말아야 한다는 것이다.

　칼 포퍼는 이렇게 말하고 있다.

　"나는 나의 이념을 위해 내 목숨을 걸 자유는 있지만, 내가 믿는 이념을 위해 남의 목숨을 걸도록 종용할 권리는 없다."

　"과학은 끊임없이 성장하는 것으로 이해해야 하는 하나의 현상이다. 본질적으로 동적이며 결코 완성된 것이 아니다. 목표에 완전히 도달하는 시점이란 없다."

：짧아지는 문명의 수명 ：

지구상에 존재했던 60여 개 문명의 평균수명은 421년이었으며 길게는 1000년, 짧게는 60년 정도였다. 근현대 문명 28개의 수명은 평균 305년으로 116년이나 짧아졌다.

그 이유를 미국의 역사학자 조셉 테인터는 현대로 내려올수록 문명을 지탱하는 기술 수준이 점점 더 복잡해지기 때문이라고 한다. 고대문명이 자전거 수준이었다면 근대에 이르러서는 자동차 수준으로 바뀌었다는 것이다.

시스템이 복잡해지면 고장도 많아지게 마련이다. 시스템이 자전거 수준이었을 때는 간단히 고칠 수가 있지만 시스템이 자동차 수준으로 복잡해지면 한 번의 큰 고장이나 몇 개의 작은 고장이 동시적으로 발생하면 시스템 전체가 마비되어 버리는 것이다.

• • •

발달한 문명사회는 정교하게 짜여진 생태계와 흡사하다. 여기서 어느 문제 하나를 해결한다는 것은 평형을 이룬 생태계를 교란시키는 것과 같다. MIT 대학의 제이 포레스터 교수는 기술적인 문제 해결의 한계를 지적하고 있다.

"우리는 기술로 성장의 한계를 넘을 수는 있다. 그러나 그렇게 하면 할수록 우리는 더욱 더 해결하기 어려운 성장의 한계를 맞게 된다. 어떤 기술적 해결책도 결국에는 실패한다."

문명의 붕괴는 과거의 사례에 국한되는 것이 아니다. 지금의 현대문명도 한계에 직면하고 있다. 자원고갈, 환경재난, 사회적인 시스템의 복잡화, 국가나 집단 간의 이해충돌, 매년 새로 등장하는 새로운 바이러스 등이 현대문명을 위협하는 요소들이다.

문명사회 초기의 문제들은 비교적 간단한 것들이었다. 농경지를 개간하고 수로를 만들고 성곽을 쌓는 일 등이었을 것이다. 또 초기의 문제들은 구성원 모두가 쉽게 동의할 수 있는 해결책들이었다.

그러나 사회가 계급이 생겨나고 다양한 직업이 등장하면 사회를 움직이는 시스템도 복잡해진다. 여기서 불거지는 문제들은 이전의 방식으로는 잘 해결되지 않는다. 문제 자체가 복잡해졌기 때문이다.

또 사회가 복잡해진 다음에는 하나의 문제 해결은 또 다른 문제를 불러오기 때문에 문제 해결을 어렵게 만드는 경우가 많다. 이는 로마클럽이 지적한 문제이기도 하다.

인구가 늘어나 식량이 부족해지면 더 많은 숲을 베어내고 농경지를 만들어야 하지만 이는 다시 홍수나 가뭄 등 자연재해에 취약한 구조로 변한다는 것이다. 경제원리가 지나치게 팽배하는 것도 문제 해결을 가로막고 있다. 당장 돈이 되지 않는다는 이유로 인류를 위해 꼭 필요한 수많은 과제들이 낮잠을 자고 있는 것이다.

《지금 경계선에서》를 쓴 미국의 사회생물학자 레베카 코스타는 복잡해진 문명이 당면한 문제들을 해결하지 못하고 다음 세대로 전가하면서 사회가 정체되기 시작하는 것이 몰락의 첫 번째 징후이며, 그릇된 믿음이 사실을 대체할 때가 두 번째 몰락의 징후라고 지적하고 있다.

첫째, 당면한 문제들을 다음 세대로 전가하는 시기이다. 예를 들면 삼림 파괴와 지나친 화석연료의 사용이 지구온난화의 주범이라는 것을 알고 있지만 이에 대한 대책은 차일피일 뒤로 미루게 된다. 이것이 누적되면서 문명은 서서히 몰락의 길을 걷게 된다. 영국이 몰락한 것은 과도한 군비지출 때문이었다. 영국은 식민지 유지를 위해 과다한 군비를 지출했고 다시 1, 2차 세계대전을 치르는 동안에 누적된 적자로 몰락했다는 사실을 지금의 미국도 잘 알고 있지만 미국은 이를 당장 멈추지 못한다는 것이다.

둘째, 믿음과 지식 사이에 불균형이 나타난다고 적고 있다. 예를 들면 홍수, 가뭄, 흉년의 원인을 숲의 파괴나 토지의 염화현상에서 찾지 않고 수호신의 노여움 때문이라고 믿게 된다는 것이다. 이처럼 '믿음'이 지식과 사실을 대신할 때가 두 번째 몰락의 징후라는 지적이다. 사회가 복잡해지면 '믿음'이 지식을 대신하게 된다는 것이다. 그런 상황에서 자연재해나 전염병, 외침이나 내분이 일어나면서 문명을 몰락은 맞이하게 된다.

- - -

숲은 고대문명을 일군 핵심적인 요소였다. 고대문명이 들어섰던 곳은 모두 큰 강의 하류지역으로 울창한 숲이 있던 곳이었다. 삼림이 우거진 지역은 토양이 건강하여 농사가 잘 되었기에 사람들이 모여들어 문명을 일구었다. 그러나 일단 문명이 들어서면 숲은 운명적으로 파괴되어야 했다.

고대인들은 동양이나 서양 모두 자연을 더불어 살아가야 할 대상으로 바라보았다. 인도의 생명사상은 자연을 온전한 생명체로 보았고 중국의 노자에 이르면 자연은 무위無爲의 존재였다. 자연은 인위적인 것을 일체 가하지 않은 '스스로 존재하는 것'이었으며 때로는 어머니와도 같은 존재로 여겼다. 서양도 고대에는 동양사상과 별반 다르지 않아서 자연을 '그 자체 안에 스스로 운동변화의 원리를 가진 것'으로 파악했다.

그러다가 플라톤이 등장하면서 만물을 본질인 이데아와 감각 세계인 물질로 나누면서, 자연을 물질로 격하시켰다. 플라톤에게는 모든 사물의 본질은 이데아라는 형태로 존재할 뿐이며 자연은 본질이 아닌 허상이었다. 여기에 다시 중세 기독교가 가세하면서 신-인간-자연의 위계질서가 생겨났다.

기독교 경전에서는 이렇게 기록하고 있다.

"하나님께서 사람을 만드신 후 그로 바다의 고기와 공중의 새와 육축과 온 땅과 땅에 기는 모든 것을 다스리게 하사……."

독일의 신학자 볼트만은 이 구절을 '인간의 필요를 위해, 인간의 사용과 향유를 위해 자연을 인간에게 맡기셨다.'고 해석하고 있다. 곧 자연은 더불어 살아가는 존재가 아니라 정복의 대상이 된 것이다.

자연을 보는 동양의 시선이 부드러운 곡선이라면 서양의 시선은 직선이었다. 데카르트에 이르면 자연은 수학적, 기하학적 분석의 대상일 뿐이었고 산업혁명을 거치면서 자연은 인간의 경제적 목적을 위해 마음대로 파헤칠 수 있는 대상으로 다시 격하되었다. 그리하여 19세기와 20세기를 거치는 동안에 현대문명은 자연을 돌이키기 힘들 정도로 파괴해 버렸다. 그 결과 지구온난화, 물 부족, 사막화, 생물종의 멸종으로 치닫고 있다.

고대문명의 발상지는 어디나 풍부한 강물과 울창한 삼림이 있었지만 문명이 자리 잡기를 시작하면서부터 숲이 사라지기 시작한다. 궁궐과 사원을 짓고, 지배자의 권위를 높이기 위해 피라미드와 같은 각종 기념물을 축조하고, 전쟁에 필요한 배를 만들기 위해 나무를 베었고, 늘어나는 인구를 먹여 살리기 위해 농경지를 조성하고, 거주할 집을 짓고, 땔감으로 사용하기 위해 다시 숲을 베어냈다. 그리하여 고대문명이 자리했던 거의 모든 지역에는 삼림이 아주 효과적으로 파괴되었다.

삼림은 홍수를 막고 가뭄을 해소해주는 기후의 조절기능을 가지고 있기 때문에 삼림이 파괴되면서 홍수와 가뭄이 교차되는 기후로 바뀌게 된다. 홍수는 지표면의 기름진 토양을 휩쓸어 버리기 때문에 땅은 척박해지고 더 이상 농사를 지을 수 없는 땅으로 변한다. 그리하여 사람들이 하나둘 떠나면서 문명은 서서히 몰락의 길을 걷게 된다. 숲의 파괴가 문명 몰락의 유일한 원인은 아니라 할지라도 중요한 원인 중의 하나임은 분명하다.

메소포타미아문명을 일구었던 것은 삼나무였다. 고대의 메소포타미아 전역은 울창한 삼나무 숲으로 둘러싸여 있었다. 그중에서도 가장 유명한 삼나무는 레바논 삼나무였다. 삼나무는 레바논을 상징하는 나무로 국기에도 삼나무 문양이 그려져 있을 정도이다.

성경에 자주 등장하는 '백향목'이 바로 레바논 삼나무이다. 다윗의 아들 솔로몬이 성전을 짓기 위해 레바논으로부터 삼나무를 베어 실어 나르는 장면이 성경에 기록되어 있을 정도이다. 칼릴 지브란의 명상시 '예언자'에도 나오는 나무가 레바논 삼나무이다.

레바논 삼나무는 목질이 뛰어나서 고대 이집트와 메소포타미아 지역의 거의 모든 궁궐과 신전은 이 삼나무로 지었다. 또 삼나무는 숯처럼 연기가 나지 않기 때문에 귀족들의 고급 땔감이었다. 결국 메소포타미아문명은 삼나무와 함께 종말을 고했다. 그 결과 이제는 레바논에서조차 삼나무는 귀한 나무가 되었다.

이집트인들은 피라미드와 스핑크스를 건설하기 위해, 화려한 건축물을 짓기 위해, 전쟁에 필요한 배를 만들기 위해 나일 강변의 나무들을 모두 베어냈다. 그 결과 나일 강이 황폐해지면서 이집트 문명도 몰락의 길을 걸었다.

숲이 펠로포네소스 전쟁의 승패를 갈랐다고 주장하는 학자들도 있다. 지중해는 원래 울창한 삼림으로 덮여 있던 지역이었다. 전쟁 초기 많은 배들을 가지고 있었던 그리스는 스파르타를 압도했으나 전쟁이 장기화되면서 그리스에서는 더 이상 배를 만들 나무를 구할 수 없게 되었다. 그리스 전체가 황폐화된 것도 이 때문이었다. 그러자 그리스는 에게 해의 섬과 소아시아로부터 나무를 베어 날랐다.

전쟁은 스파르타가 이겼으나 스파르타의 삼림 역시 황폐화되기는 마찬가지였다. 다시 이 세계의 패권을 잡은 것은 그리스 북부에 있던 풍부한 숲의 나라 마케도니아였다. 여기서 알렉산더 대왕이 나타나 지중해의 주인이 될 수 있었다.

로마는 전함을 만들기 위해, 광산에서 구리와 철을 채굴하기 위해, 그 많은 목욕탕의 물을 데우기 위해 많은 나무를 필요로 했다. 나중에는 땔감도 모두 나무를 사용했다. 로마가 갈리아와 에스파니아를 점령한 것도 울창한 숲을 차지하기 위해서였다. 북아프리카의 삼림이 황폐해진 것도 이 때문이었다.

마야문명은 BC 2600~AD 900년 사이 중미의 멕시코, 과테말라, 온두라스, 엘살바도르 지역에 걸쳐 존속했던 찬란한 고대문명이다. 고고학자들은 전성기 때의 인구가 1,500만 명에 이르렀을 것으로 추측하고 있다. 그러던 것이 AD 750~900년 사이에 갑자기 사라졌다.

학자들은 그 원인을 숲의 파괴와 극심한 가뭄에서 찾고 있다. 숲의 파괴는 세 가지 이유로 진행되었다. 기념비적인 건물을 짓기 위해 나무를 베었고 건축물의 벽에 바를 회반죽을 만들기 위해 다시 숲을 불태웠다. 또 늘어나는 인구를 지탱하기 위해 삼림을 베어내고 농지로 만들었기 때문에 숲이 모두 사라진 것이다.

문명이 몰락한 원인은 환경파괴 외에도 자연재해, 내전, 외침, 전염병, 식량부족 등의 요인이 있지만 몰락한 문명 대부분은 먼저 환경을 파괴했다는 점이다.

"문명 앞에는 숲이 있고 문명이 지나간 뒤에는 사막이 남는다."

프랑스 작가 샤토 브리앙이 한 말이다. 영국의 문명사학자 토인비 역시 지구상에 일어났던 고대문명들을 분석하면서 자연을 파괴한 문명은 필히 몰락했다며 샤토브리앙의 명언을 자주 인용했다. 지금 전 세계적으로 그 숲이 아주 빠르게 사라지고 있다.

● ● ●

고대문명이 자리했던 지역 대부분이 폐허로 남는 이유는 숲이 사라졌기 때문이기도 하지만 토양의 염화현상도 큰 몫을 하고 있다. 특히 메소포타미아문명이 그러했다. 토양의 염화란 땅에 염분이 축적되어 식물이 더 이상 자라지 못하고 황폐화되는 현상을 가리킨다.

토양에 소금이 축적되는 과정을 보자. 바다에 있는 소금은 원래 땅에서 흘러들어간 것이다. 빗물이 지표면을 거쳐 강으로 흘러가는 동안에 지표면에 있던 염소이온$_{Cl}$도 함께 녹는다. 이것이 암석을 지나는 동안에 바위에 있는 나트륨 이온$_{Na}$을 만나 소금이 되어 바다로 흘러드는 것이다. 그러나 그 강물을 끌어들여 농사를 지으면 물이 증발한 다음에는 소금만 남게 된다. 오랫동안 관개농업을 하는 곳에는 반드시 염화현상이 나타나게 마련이다. 그리하여 일정 수준 이상의 소금이 쌓이면 더 이상 농사를 짓지 못하고 목초도 자라지 못하는 황무지로 변하고 만다.

메소포타미아문명이 일어났던 지역은 원래 건조지역이어서 하늘에서 내리는 빗물만으로는 농사를 지을 수 없는 땅이었다. 그래서 티그리스, 유프라테스 두 강에서 물을 끌어들여 관개농업을 시작했다. 여기서 나는 풍부한 밀로 수메르문명을 유지할 수 있었던 것이다. 문명 초기에는 뿌린 씨앗의 70배까지 수확했다는 기록이 점토판에 남아 있을 정도로 풍요로웠다.

그러다가 BC 2200년경부터 토지에 염화현상이 나타나 밀 수확이 40%나 줄어들었다. 밀은 농작물 중 소금기에 가장 민감한 작물로 알려지고 있다. 밀을 포기하고 염분에 비교적 강한 보리로 대체했지만 시간이 지나자 보리도 자랄 수 없는 땅이 되어 버렸다.

이 점이 해마다 강물의 범람으로 늘 비옥한 토질을 유지할 수 있었던 이집트문명과 다른 점이다. 마침 그 무렵부터 유목민들의 침입이 이어지면서 사람들은 새로운 땅을 찾아 하나둘 떠나 버리고 메소포타미아문명은 BC 2000년경에 몰락하고 말았다.

: 전염병과 문명의 몰락 :

문명과 전염병은 밀접한 관계에 있다. 문명이 형성되었다는 것은 좁은 지역에 많은 사람들이 모여 살면서 도시를 만들었다는 이야기가 된다. 좁은 지역에서 많은 사람들이 북적거리면 병원균으로서는 안성맞춤인 번식환경을 얻게 된다. 거의 모든 문명사회에는 큰 전염병이 돌았으며 이로 인해 몰락한 문명도 적지 않다.

• • •

전염병은 역사의 고비마다 큰 줄기를 바꾸어 놓았다. 고대 그리스의 아테네와 스파르타가 맹주 자리를 놓고 싸울 때 아테네에 결정적인 타격을 가한 것 역시 역병이었다. 아테네가 그리스 반도의 맹주로 군림하자, 스파르타와 여러 그리스 도시국가들이 스파르타 편에 서서 아테네를 침공했다. 그러자 아테네 시민들은 좁은 시내로 몰려들어 오두막살이 피난생활을 시작했다. 그러자 곧 역병이 번지기 시작했다. 이 역병으로 아테네 군사력은 바닥이 났고 결국 아테네는 몰락의 길로 접어들었다.

그리스 역사가 투키디데스는 그때의 참상을 이렇게 기록했다.

"그들은 길거리에서, 사원에서, 그리고 우물에 빠져 죽어갔다. 남녀노소, 장군, 의사들까지 무차별 죽었다. 5년 동안 이어진 이 전염병으로 아테네 인구의 $\frac{1}{3}$이 죽었다."

로마제국이 쇠락의 길로 접어든 것도 천연두 때문이었다. 중국 북서 쪽에 살던 흉노족이 중국 한나라에 밀려나 스텝지대를 따라 서쪽으로 이동했고, 이들과 오랫동안 함께했던 천연두도 함께 이동했다. 이들은 스텝지대를 따라 이동하는 동안에 만나는 거의 모든 부족을 궤멸시켰다. 이들이 로마와 국경을 맞대고 있는 동안 천연두가 로마로 들어가게 된 것이다.

이 천연두로 로마 인구의 $\frac{1}{4}$이 희생되었다. '명상록'으로 잘 알려진 로마의 황제 마르쿠스 아우렐리우스도 게르만 토벌을 위해 출정했다가 비엔나에서 천연두로 희생되었다. 그로부터 70년 후인 251년에 에티오피아에서 발생한 천연두가 카르타고를 거쳐 다시 로마로 들어왔다. 기록에 의하면 이때의 천연두로 하루 5천 명씩이 죽었다고 한다. 이로 인해 사회, 경제, 군사 등 로마 전체를 피폐하게 만들었다.

452년 훈족의 전설적인 용사 아탈리가 아란족, 반달족, 고트족을 몰라내고 이탈리아 접경으로 들어갔을 때 다시 한 번 천연두가 로마를 휩쓸면서 로마는 결정적인 몰락으로 접어들었다. 그로부터 24년 후인 476년에 로마의 마지막 황제 로물루스 아우구스톨루스가 게르만의 용병대장 오도아카르에 의해 폐위됨으로써 로마는 역사의 막을 내리게 되었다.

마야, 아즈텍문명도 마찬가지였다. 이들은 당시 유럽의 여느 도시와 비교해도 손색이 없는 인구 수백만 명의 도시를 멕시코 일대에 건설해놓고 있었다. 1519년 에르난 코르테스가 불과 400명의 군대를 이끌고 진격했을 때 이들은 아무런 저항도 하지 못하고 무너지고 말았다. 전문가들에 의하면 이들이 유럽과 접촉한 이후에 죽은 사람의 90%는 총칼이 아니라 이들이 옮긴 병으로 죽었다고 한다.

여기서 하나 짚고 넘어가야 할 문제가 있다. 멕시코, 페루, 마야, 아즈텍 등 라틴문명의 경우에는 유럽인들이 들어가기 전에도 문명

의 병을 앓고 있었다. 문명을 일으키면서 환경을 파괴했고 농업생
산은 늘어나는 인구를 감당하지 못해 부족 간의 전쟁, 환경파괴로
인한 천재지변 등으로 몰락의 길로 접어들고 있었다는 점이다. 여
기에 유럽의 충격이 더해지면서 더 빠르게 몰락하고 말았다.

중세 유럽을 삼킨 흑사병을 보자. 흑사병은 피부가 검게 변하고
변색된 부위가 썩어 가면서 죽음에 이르는 병이다. 흑사병은 박테
리아의 일종인 예르시니아 페스트가 원인균으로, 이에 감염된 쥐의
피를 벼룩이 먹고 다시 사람을 물었을 때 감염되는 병이다.

흑사병의 전파 경로에 대해서는 대략 두 가지 학설이 있다. 몽골
의 군대가 중앙아시아와 유럽을 침공하면서 유라시아 초원의 쥐벼
룩이 함께 묻어 갔다는 것이다. 1347년 몽골 군대가 크림공화국를
침공했을 때 흑사병이 처음 발생했기 때문이다.

다른 한편으로는 동서교역로를 따라 전파되었을 가능성이 함께
존재한다. 1346년 봄, 이탈리아 상선에 의해 이탈리아 반도에 상륙
한 흑사병은 무역로를 따라 피사, 제노바, 베네치아를 거쳐 북부의
피렌체까지 이탈리아 전역으로 퍼져 나갔기 때문이다. 같은 해 말,
프랑스 남부 마르세이로 옮겨간 흑사병은 이듬해 프랑스 전역으로
번졌고, 1349년에는 영국으로 상륙했고, 1350년에는 북유럽으로까
지 번져 나갔다.

흑사병의 피해는 인구가 밀집된 도시일수록 컸다. 도시의 시궁이 쥐들의 온상 역할을 했고 이들이 도시를 헤집고 돌아다니는 사이 흑사병은 도시 전체로 퍼져나갔다.

흑사병이 전 유럽을 강타하자 이의 원인조차 알지 못했던 당시 사람들은 공포에 질렸다. 우선 병의 원인을 '신의 노여움'으로 돌리면서 사람들에게 회개하라고 외쳤다. 당시 기독교 국가였던 유럽인들이 흑사병의 원인을 인간의 타락으로 인한 신의 노여움으로 받아들인 것은 자연스러운 일이었다.

사람들은 벌거벗은 몸으로 길거리로 나왔다. 손에는 모두 채찍을 들고 있었다. 이들은 서로의 맨몸을 채찍으로 때리고 피를 흘리며 거리를 행진했다. 울부짖는 통곡소리가 도시를 가득 메웠다. 속죄의 행진이었다.

민심도 흉흉해졌다. 누군가가 우물에 독을 넣었기 때문이라 하여 수상쩍은 사람들을 잡아 죽이기 시작했다. 거리의 거지들, 유대인, 한센병 환자, 외국인 등이 집단 학살을 당하기도 했다. 마녀들의 주술 때문이라 하여 많은 사람들이 마녀사냥의 희생물이 되었다.

● ● ●

1928년 알렉산더 플레밍에 의해 페니실린이 발명된 이후 인류는 질병과의 전쟁에서 완전한 승리를 거두는 듯 했다. 그러나 60년이 가기 전에 병원균은 훨씬 더 무서운 무장을 하고 인류 앞에 나타났다. 1981년에 등장한 에이즈였다.

에이즈는 원래 아프리카 유목민들이 동물과의 수음을 통해 인간에게로 전염된 병으로 추정된다. 그러나 이들에게는 풍토병에 불과했던 것이 20세기 후반 서구 열강들이 아프리카를 식민지로 만들면서 세계적으로 확산된 것이다. 에이즈로 1,200만 명이 사망했으며, 하루에도 1만 6천 명을 감염시키고 있다고 한다. 현재 전 세계적으로 에이즈 감염자는 3,600만 명이나 된다.

그것만이 아니었다. 지난 30년간 치사율이 높은 신종 전염병이 30여 종이나 새로 발견되었다. 물론 치료약이나 백신 개발은 새로 출현하는 병원균을 따라잡지 못하고 있다. 또 기존의 항생제에 내성을 갖고 있는 새로운 변종들이 계속 출현하고 있으며, 심지어는 지금까지 개발된 어떤 항생제도 무력화시키는 강력한 슈퍼균도 등장하고 있다.

1990년대 중반 이후 중국에서는 매년 10만 명 이상의 환자가 발생하는 유행성출혈열도 넓은 초원을 논과 밭으로 개발한 탓에 곡식을 먹이로 하는 들쥐들이 크게 늘어나면서 중국 전역에서 만연하고 있다고 한다. 조류독감이나 돼지콜레라도 중국의 돼지와 오리농장이 산업화되면서 인체에까지 감염되고 있는 것으로 추정된다.

지구촌 온도 상승은 모기와 같은 매개숙주의 빠른 개체수 증가를 불러왔다. 열대지방의 대표적인 전염병인 말라리아, 바이러스성 간염, 아메바감염증, 세균성이질, 장티푸스, 콜레라 등이 다시 극성을 부리고 있다. 가까운 시일 내에 대대적인 말라리아의 창궐을 예견하는 학자들도 많다.

지구온난화, 가뭄, 홍수 모두가 전염병의 확산을 부추기는 환경이
다. 1993년 미국에서 처음 발견된 한타바이러스 폐증후군은 쥐에
의해 전염되는 바이러스성 호흡기질환으로, 캐나다 브라질 등으로
확산 중이다. 역학조사 결과, 이의 원인은 미국 남서부에 6년간의
가뭄 끝에 엘니뇨현상으로 인해 홍수가 발생했고, 그 결과 사슴쥐
가 10배 이상 늘어난 관계로 이 질병이 급속도로 번진 것으로 드러
났다.

: 이데올로기 대립에서 '문명의 충돌로' :

1990년대 초반 동구권이 몰락하자 학자들은 세상을 보는 관점을
잃어버리고 허둥대기 시작했다. 그동안 세계사의 흐름을 이데올로
기의 틀로 바라보던 그들에게 구소련이 붕괴되자 21세기에 대한 전
망이 완전히 시계 제로의 암흑으로 변했던 것이다.

그런 시기에 등장한 이론이 새뮤얼 헌팅턴의 《문명의 충돌》이었
다. 사회주의의 붕괴로 세계의 정치무대에서 이데올로기가 차지하
던 자리를 문화와 문명이 자리하게 되리라는 전망이었다.

　　새뮤얼 헌팅턴에 의하면 역사는 늘 대립과 갈등으로 전개되었다. 근대의 역사는 군주주의, 민족국가, 이데올로기의 순서로 그 갈등의 양상이 변화해왔다. 이데올로기가 대립되던 시기에는 미국과 소련이라는 초강대국이 중심이 되어 나머지 국가들을 동맹국, 위성국, 종속국, 중립국, 비동맹국 등으로 관계를 형성했으나 이데올로기 대립이 사라지면서 문명권 간의 갈등이 그 자리를 대신하리라는 것이 그의 예측이었다.

　　헌팅턴은 토인비와 마찬가지로 문명을 국가보다 더 넓은 개념으로 정의하고 세계의 문명을 8개의 권역으로 나누고 있다. 서구문명권, 슬라브문명권, 이슬람문명권, 인도문명권, 중국문명권, 일본문명권, 중남미문명권, 아프리카문명권이 그것이다.

　　헌팅턴이 예상하는 21세기의 대립구도는 이슬람문명권과 비이슬람문명권, 그리고 빠르게 떠오르고 있는 아시아문명권들이 자신들의 정체성을 강화하면서 서구에 대해 큰 위협이 되리라는 전망이었다.

　　2001년 9월 11일, 미국의 심장부인 무역센터가 이슬람 자살테러단에 의해 붕괴되자 그의 예언은 과학이 되었다. 그러나 이 충돌은 아직 시작일 뿐, 어떤 형태로 전개될지 아무도 예단할 수 없는 상황이다.

　　다음으로 서구문명권과 유교문명권과의 충돌을 보자. 그냥 쉽게 미국과 중국의 패권다툼이다. 구소련의 붕괴 이후 세계 유일의 최강대국이 된 미국은 세계의 거의 모든 분쟁에 관여하면서 늘어난 국방비와 재정, 무역적자를 감당하지 못해 비틀거렸다. 그러는 동안에 빠르게 떠오른 세력이 중국이다.

중국은 사회주의 체제에서 정치는 그대로 두고 경제만 자본주의 형태를 도입하면서 값싼 노동력을 바탕으로 농수산물, 경공업 제품에 이어 이제는 중화학, 첨단 분야로까지 빠르게 이동하고 있다. 중국의 경제력이 이제 겨우 일본을 따라잡았다고 하지만 미국과의 격차는 아직 크다. 그러나 지금의 속도대로라면 미국을 따라잡는 것은 시간문제일 것이다. 미국에 대해 가장 많은 채권을 가지고 있는 나라도 중국이다.

중국 과학원은 인민의 질적인 생활수준에서 서구를 따라잡기에는 좀 더 많은 시간이 필요하겠지만 전체적인 경제력만 본다면 빠르면 2013년, 늦어도 2020년경에는 미국을 따라잡을 수 있을 것으로 전망하고 있다.

한편 영국 학술원에서는 중국의 이러한 전망을 뒷받침하는 자료를 내놓고 있다. 1996년 당시 미국 과학자들이 국제적인 학술지에 발표한 논문은 29만여 건으로 중국의 2만 5천 건의 10배를 넘었지만 2008년에는 미국이 제자리걸음을 하는 동안 중국은 7배나 신장했다. 이대로라면 2013년이면 논문 건수에서도 중국이 미국을 능가하리라는 전망이다.

미국과 중국의 충돌은 유전이 많은 남중국해 주도권을 둘러싸고 일어날 가능성이 높을 것으로 전문가들은 보고 있다. 중국은 이 지역의 패권을 차지하기 위해 동남아시아 국가들에 고압적인 태도로 군림하려 할 것이고, 이에 베트남이나 여타 국가들이 반발하여 무력충돌로 이어진다. 이에 미국이 아시아권 국가들을 지원하는 형식으로 두 자이언트 간에 충돌이 일어날 가능성이 높아질 것이라는 전망이다.

그러나 이러한 헌팅턴의 이론에 대해 독일 프랑크푸르트 대학의 하랄트 뮐러 교수는 자신의 저서 《문명의 공존》에서 헌팅턴의 견해에 동의하지 않고 있다.

지구상에 일어났던 전쟁의 절반 이상이 문명의 충돌에서 비롯되었다는 헌팅턴의 주장에 대해 오히려 현재 지구촌에서 벌어지고 있는 폭력은 국경, 영토, 자원, 인종을 둘러싼 갈등이지 문명 때문에 빚어지는 것은 아니라는 것이다.

적어도 19세기에 있었던 여러 전쟁들과 20세기에 있었던 1, 2차 세계대전은 식민지, 자원, 시장을 확보하기 위한 전쟁이었다. 또 1990년에 있었던 걸프전이나 미국 무역센터에 대한 9.11테러, 이에 대한 복수로 펼쳐진 미국의 아프칸, 이라크 침공은 문명의 충돌이라기보다는 미국과 서구사회가 안정적으로 석유를 확보하기 위해 벌인 전쟁일 뿐이라는 견해이다.

미국과 중국의 충돌 역시 기독교권과 유교권의 충돌로 볼 수도 있겠지만 그보다는 석유와 아시아권의 패권을 둘러싼 두 나라 사이의 갈등으로 보아야 한다는 입장이었다.

그러나 기독교와 이슬람권의 충돌은 문명의 충돌적인 성격을 충분히 갖추고 있다. 이슬람권과 비이슬람권인 기독교권 혹은 유대교권과의 충돌은 감정의 골이 너무 깊어서 공존이 거의 불가능해 보인다. 이들의 갈등은 멀리 구약시대까지 거슬러 올라가는 뿌리 깊은 역사를 가지고 있으며, 그 갈등이 2000년 동안 이어져 문명 간의 갈등인 것이다.

이 갈등으로 빚어진 것이 중세의 십자군 전쟁이었고 이스라엘과 아랍권 국가들 사이에 있었던 네 차례의 중동전이었으며 1990년대에 있었던 걸프전이나 미국의 아프가니스탄, 이라크 침공 등이 모두 여기에 뿌리를 두고 있다. 이들의 갈등은 참으로 길고도 길다. 잠시 그 역사를 더듬어보자.

믿음의 조상인 아브라함에게는 두 아들이 있었다. 장남 이스마엘과 차남 이삭이었다. 아브라함의 아내 사라에게는 오랫동안 자식이 없었다. 그러자 사라는 자신의 몸종 하갈을 남편의 잠자리로 보내 아들을 얻으니 그가 곧 장남 이스마엘이었다. 그러다가 많은 시간이 흐른 후 사라도 아들을 낳게 되니 그가 이삭이었다. 곧 아브라함의 장남은 첩의 자식이었고 차남 이삭은 본처의 자식이었다.

이 가문에서 세계 3대 종교가 탄생하게 된다. 이들은 모두 야훼신을 섬기고 아브라함을 믿음의 조상으로 받들며 예루살렘을 성지로 삼고 있다. 이슬람에서 말하는 알라는 야훼신의 이슬람식 발음

일 뿐이다. 그 차이를 보면 유대교는 구약을 믿고, 기독교는 구약과 신약을 믿으며, 이슬람교는 구약과 마호멧의 말씀을 기록한 코란을 믿는다.

아브라함의 본처에게 태어난 아들 이삭을 신앙의 상속자로 보고 구약에서 약속한 메시아가 나타나기를 기다리는 것이 유대교이며, 구약에서 약속한 메시아가 바로 이삭의 가문에서 태어난 예수라고 믿는 것이 기독교이며, 장남인 이스마엘을 신앙의 상속자로 하여 그 자손 중에서 태어난 마호멧을 최후의 예언자로 믿는 것이 이슬람교이다. 이슬람교에서 예수를 예언자 중의 하나로 보지만 유대교나 기독교에서는 마호멧을 전혀 인정하지 않고 있다. 이것이 이슬람과 비이슬람권의 갈등의 씨앗인 것이다.

BC 135년, 당시 로마에 복속되어 있던 유대인들이 두 차례에 걸쳐 대규모 반란을 일으켰다가 실패하자 로마는 이들을 고향 땅에서 추방했다. 그리하여 전 세계로 뿔뿔이 흩어진 유대인들은 2천 년 동안 유럽, 러시아 등지를 떠돌아야 했다. 비록 지구촌 곳곳으로 흩어진 민족이지만 유대인들은 뛰어난 경제적 성취를 이룩했다. 그러나 그런 성취가 박해를 받는 요인이 되기도 했다. 셰익스피어 소설에 자주 등장하는 고리대금업자가 모두 유대인들이다.

637년 아랍군이 팔레스타인을 차지한 이래 예루살렘은 1400년 동안 아랍계 팔레스타인인들이 살았다. 19세기 말경에 이르러 세계 곳곳에서 경제적으로 성공한 유대인들은 2천 년 전에 잃어버린 옛 땅에 나라를 세우자는 시오니즘 운동이 일어나 1882년에 팔레스타인 땅에 최초로 유대인 정착촌이 생겨나 하나둘 팔레스타인으로 이주했다. 이는 필연적으로 두 민족의 충돌로 이어졌다.

2차 세계대전이 끝난 직후인 1947년, 미국의 영향 하에 유엔은 팔레스타인 땅을 절반으로 나누어 유대 국가를 세울 것을 결의했고 아랍 국가들은 이에 강력하게 반발했다. 1948년 5월 14일 이스라엘이 공식적으로 나라를 세우면서 그곳에 살던 팔레스타인인 100만 명이 쫓겨나 난민이 되었다. 그러자 아랍 국가들은 즉시 전쟁을 일으켰다. 북쪽에서는 레바논과 시리아가, 동쪽에서는 요르단과 이라크가, 남쪽에서는 이집트가 이스라엘을 공격했다. 이 싸움은 다윗과 골리앗 싸움의 재판이었다. 그러나 이스라엘은 기적과도 같은 승리를 거두었다. 이렇게 시작된 중동전쟁은 4차례 이어졌으나 모두 이스라엘의 승리로 돌아갔다.

중동전쟁의 백미는 3차전이었다. 1967년 6월 5일 이스라엘 공군기들은 이집트 공군기지를 기습하여 이집트 전투기 309대를 파괴하여 이집트 공군력이 전멸되었다. 그러나 이스라엘은 여기서 멈추지 않고 시리아, 요르단, 이라크의 공군기지를 급습하여 다시 400여 대의 전투기를 파괴했다. 하늘을 점령한 이스라엘은 3일 만에 이집트군을 격파하고 시나이반도와 가자지구를 점령했다. 골란고원을 빼앗고 다마스커스 인근까지 진격해 요르단 통치 하에 있던 예루살렘 구 도시까지 탈환했다. 이스라엘의 완승이었다.

이에 분을 참지 못하고 있던 이집트가 1973년 기습적으로 선제공격을 하면서 4차전이 벌어졌다. 당시 이집트군의 병력은 75만 명,

탱크 3만 2천 대, 소련제 미사일과 최신예 미그기까지 동원했다. 이스라엘이 위기에 빠지자 미국이 지원에 나서 골란고원 전투에서 시리아군 탱크 867대, 차량 3천 대 이상을 파괴하면서 전세를 뒤집어 다시 이스라엘이 승리했다.

그러나 이들의 싸움은 아직도 진행중이다. 이 두 문명권의 화해가 이루어지지 않는 한 인류의 평화는 요원한 일이 될 것이다.

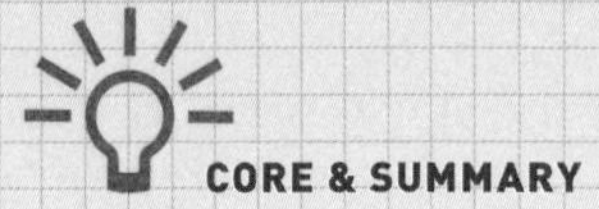

번영 제국의 한계

제국은 국가와는 달리 여러 민족과 문명권을 아우르는 넓은 개념이다. 역사상 가장 넓은 땅을 차지했던 몽골제국이라면 중국 본토는 물론 동아시아, 서아시아, 남러시아, 동유럽까지 다스릴 정도로 광대한 제국이었다.

그처럼 거대한 제국을 건설하는 에너지는 어디에서 나오는 것일까? 이슬람 역사가 이븐 할둔은 이질적인 문화를 가진 두 민족이 경계선을 맞대고 있을 때 가장 강력한 에너지가 분출된다고 적고 있다. 그중에서도 떠돌이 유목민과 문명사회를 이룬 농경정착사회가 경계선을 마주할 때 가장 강력한 에너지가 분출된다. 이는 현대의 문명사가 새무얼 헌팅턴이 말하는 문명의 '단층선 이론'도 같은 맥락이다.

사라센제국을 일으킨 것은 사라하 사막을 누비던 유목민족인 베드윈족이었으며 역사상 가장 넓은 땅을 차지했던 몽골제국은 유라시아 초원에서 일어선 유목민족이었다.

유목민들이 제국을 일으킬 수 있었던 요인은 뛰어난 기동력과 가혹한 자연환경을 이겨내는 강인한 체력과 정신력 때문이었다. 농경사회를 이루었던 정착민들이 전쟁에 나갈 때는 싸우는 병사보다 보급품을 나르는 병사가 더 많을 정도였지만 유목민들은 조랑말 하나에 말린 고기와 말 젖을 담은 가죽부대 하나면 모두가 전사가 되었다. 그래서 늘 움직이는 유목민과 정착민의 싸움에서는 대부분 유목민들이 승리를 거두었던 것이다.

그러나 유목민들이 일으킨 제국은 4대를 넘기가 어려웠다. 일단 제국을 건설한 유목민의 후손들은 성을 쌓아 안주하면서 맛있는 음식과 금은보화와 미녀들에 빠지면서 서서히 유목민의 야성을 잃어갔다. 그것이 보통 4대, 100년에 걸쳐 일어난다. 몽골제국의 수명이 대략 100년이었던 것과 일치한다.

생전의 칭기스칸은 후손들에게 "결코 성을 쌓지 말라."고 당부했다. 야성의 상실을 경계한 당부였을 것이다. 그러나 후손들은 성을 쌓고 안주하다가 100여 년 만에 고향의 초원으로 돌아가야 했다.

제국의 몰락은 대부분 내부적인 요인에 의해서다. 지구상에 나타났던 21개의 주요 문명권 중에서 외침으로 무너진 제국은 2개뿐 나머지는 모두 내부적인 요인에 의해 무너졌다고 영국의 역사가 토인비는 지적한다. 진시황은 북방 유목민들의 침입을 막기 위해 만리장성을 쌓았지만 내분으로 막을 내리고 말았다. 진시황이 죽은 지 4년, 나라를 세운 지 3대 143년 만이었다.

제국의 수명은 성장속도와 비례한다. 단기간에 일어선 제국은 몰락도 그만큼 빨랐다. 단기간에 제국을 일으킨 몽골이나 마케도니아는 몰락도 빨랐지만 서서히 일어섰던 제국 로마는 1000년을 넘게 살아남았다. 몽골은 무력으로 정복지를 다스렸지만 로마는 서서히 이민족들을 자기편으로 동화시켜가면서 일어섰기 때문에 내부의 적대적인 세력이 그만큼 적었다는 이야기가 될 것이다.

일단 제국이 되고 나면 국경선이 길어지고 강력한 군사력을 필요로 하게 된다. 여기서 과도한 군사비가 제국의 발목을 잡는 것이 보통이다. 로마의 경우 긴 국경선을 유지하기 위해 필요한 많은 군사비를 대부분 정복지에서 조달했지만 더 이상 정복할 땅이 없어지자 경제가 바닥나면서 제국이 몰락하는 요인이 되었다. 그러는 사이에 군사비에 부담이 없는 후발 국가들이 그 자리를 대체하게 된다. 로마가 그러했고 영국이 그러했고 지금의 미국이 그러하다.

물론 거대한 제국이 몰락하는 데에는 한 가지 단일한 요인만 있지는 않다. 로마의 몰락 요인은 로마를 연구하는 사람의 숫자만큼 많다는 이야기가 있을 정도이다. 하나 분명한 것은 내부적으로 쇠약해진 상태에서 외부적인 요인들이 가세했다는 것이다.

정신적인 측면도 중요한 요인이다. 로마를 있게 한 것은 귀족들의 노블리스 오블리제 정신이었다. 나라를 위해 목숨을 바치는 것을 영광으로 알 정도였다. 한니발과의 포에니전쟁에서는 로마 귀족의 $\frac{1}{3}$이 싸우다가 죽었다. 그러다가 강력한 적 카르타고를 무너뜨리고부터는 노블리스 오블리제가 사라졌다. 할 일이 없어진 귀족들은 사치와 향락에 젖어 들었던 것이다. 여기에 게르만족의 침입이 가세하면서 로마는 1000년의 역사를 마감하게 되었다.

part 3

번영 제국의 한계

성경 전반을 통해 가장 이해하기 어려운 부분이 '카인과 아벨' 이야기일 것이다. 많은 기독교인들이 이 대목에 대해 회의하고 있다.

카인과 아벨 이야기가 등장한 배경을 살펴보자. 인류의 첫 조상인 아담과 하와는 금단의 사과를 따먹은 죄로 부끄러운 부분을 나뭇잎으로 가리고 에덴에서 추방되었다. 그후에 두 아들을 낳으니 카인과 아벨이다.

이들이 장성하여 형 카인은 농사를 짓는 농부가 되었고 동생 아벨은 양을 치는 목동이 되었다. 이들이 하나님에게 제물을 바칠 때에 카인은 자신이 농사지은 첫 곡식을 하나님께 올렸고 아벨은 자신이 기른 첫 양의 새끼를 하나님께 제물로 올렸다. 여기서 야훼 하나님

은 아벨이 바친 양고기는 기뻐하면서도 카인이 바친 곡물은 거들떠
보지도 않았다.

야훼 하나님은 차남 아벨이 바친 양과 그 기름은 기꺼이 받아들이
면서 장남 카인의 곡물은 왜 거들떠보지 않았을까? 사람을 편애한
것인가 제물을 편애한 것인가. 구약에서는 그 이유를 명확하게 밝
히고 있지 않아 성경학자들을 곤혹스럽게 만들고 많은 기독교인들
이 절망했다.

이에 대해 아벨은 정성을 다하여 자신이 기른 양들 가운데 가장 좋
은 양을 바쳤지만 카인은 묵은 곡식이거나 쭉정이 곡식을 바쳤다는
주장으로부터 하나님은 '생명의 제물'을 원했으나 카인은 아담과 이
브의 타락으로 '저주받은 땅에서 난 열매'를 제물로 드렸기 때문이
라는 설, 야훼 하나님이 원래 육식성이었다는 설, 혹은 하나님은 카
인이 범죄자가 될 것을 미리 알고 있었기에 그의 제물을 받지 않았
다는 설 등 모두가 구차스러운 논리들이다. 그러자 별다른 이유 없
이 냉대를 당한 카인은 동생 아벨을 아무도 없는 들판으로 유인하여
돌로 쳐 죽이고 인류 최초의 살인자로 기록되는 저주를 받는다.

이해하기 힘든 이 대목은 구약이 기록될 당시의 시대 상황을 알면

쉽게 풀린다. 우선 같은 부모에게서 태어난 두 아들의 직업이 전혀 달랐다는 점에 주목해보자. 인류의 발전과정은 원시 수렵사회→유목사회→농경사회→산업사회로 발전했다. 두 아들의 직업이 달랐다는 것은 그 당시가 유목사회에서 농경사회로 진입하는 시점이었다는 것을 말해준다.

: 카인과 아벨, ‘농경사회와 유목사회’ :

팔레스타인 북서부 지방, 곧 가나안은 땅이 기름지고 기후조건이 좋아서 BC 수천 년 전부터 사람들이 농사를 지으면서 살았다. 사람들이 젖과 꿀이 흐르는 에덴이라고 부르는 곳이다. 이곳의 토착민들은 풍요와 다산의 신 바알을 섬기며 농사를 짓고 나름대로의 독자적인 문명사회를 이루고 있었다. 그 가나안 땅으로 사막과 초원에서 유목생활을 하던 셈족의 일파인 아모리족이 그곳으로 들어왔다. 이들은 야훼 신을 모시는 히브리 민족이었다.

이때부터 가나안 땅에 서로 다른 신을 모시고 이질적인 생활방식을 가진 두 부족이 부대끼면서 갈등의 역사를 만들게 되었다. 결국 뒤늦게 가나안 땅으로 들어간 유목민족이 원래 그곳에 정착해 있던 부족을 제압하고 가나안 땅을 차지했다.

카인과 아벨 이야기는 그 두 사회의 갈등을 기록한 것이다.

카인과 아벨은 각기 농경사회와 유목사회를 상징하는 인물들이다. 모든 역사는 승자의 편에서 기술된다. 구약은 뒤늦게 가나안 땅으로 들어와 승자가 된 유목민의 역사를 기록한 것이다. 유목민들이 농경사회인들을 몰아내고 그 땅을 차지한 것이었다. 그렇다고 해도 남의 땅을 빼앗아 지금의 터전을 일구었노라고 당당하게 기술하기가 좀 마뜩치 않았을 것이다.

역사적으로도 유목사회와 농경사회의 싸움에서는 늘 유목사회가 승리를 거두고 있다. 그리하여 결국 농경사회를 대표하는 카인에게 진심에서 우러나는 제물을 바치지 않았다는 죄를 뒤집어씌우고 살인자의 낙인을 찍었던 것이다. 그것으로 자신들의 약탈행위를 정당화시킨 것이다. 이것이 카인이 야훼로부터 버림받은 이유였다.

역사적으로 농경사회와 유목사회는 늘 갈등을 겪어 왔다. 그리고 그 싸움은 대부분 유목민들의 승리로 끝났다. 농경사회 구성원들은 천성이 평화롭고 착했지만 양떼를 몰고 다니면서 험준한 자연환경과 싸우고 이리떼와 싸워야 했던 유목민들은 천성이 야성적이었다. 가축의 고기와 젖, 동물의 가죽 외에는 모두 약탈에 의존해야 했던 유목민들은 태생적으로 호전적일 수밖에 없었다. 그래서 유목민의 부족장은 약탈 능력이 뛰어난 사람이 선출되었다.

유목민은 역사의 고비마다 등장하여 중요한 역할을 해냈다. 유라시아 대륙은 동서로 1만km, 남북으로 4천km에 이르는 넓은 초원과 사막으로 그곳에는 스키타이족, 흉노족, 돌궐족, 몽골족, 거란족, 여진족 등이 가축떼를 몰고 동서로 이동하고, 남북으로 오르내리면서 유목생활을 하고 있었다. 한편 이들의 접경지역 너머에는 지중해 연안의 국가들과 페르시아, 메소포타미아, 중국, 인도 등의 농경, 정착사회가 있었다. 여기서 삶의 방식이 전혀 다른 이질적인 두 집단은 필연적으로 충돌하게 된다.

가축을 이끌고 물과 풀을 찾아 옮겨 다니던 유목민들은 초원에 한발이 들어 가축을 먹일 수 없거나 농경, 정착민사회가 내분에 휩싸이면 경계선을 넘어 농경사회를 침략했다. 중국 역사의 고비마다 흉노족, 투르크족, 몽골족 등 유목민들이 등장하는 이유이다.

중국의 고대사는 한마디로 이들 유목민과 한족 간의 싸움의 역사였다. 본토의 한족과 북방 유목민의 갈등은 중국의 고대 왕조였던 하, 은, 주시대부터 있었다. 중국을 통일한 진시황 역시 약탈을 일삼는 북방의 흉노족들 때문에 골치를 앓고 있었다. 이에 대한 궁여지책으로 유목민의 말이 넘지 못하도록 방어망을 구축했으니 그것이 만리장성이다.

진나라에 이어 중국을 통일한 한나라 역시 흉노족이 골칫거리였다. 마침내 한고조 유방은 흉노의 뿌리를 뽑고자 40만 대군을 이끌고 북방 정벌에 나섰으나 대패하고 오히려 잡히는 몸이 되었다. 여기서 한고조 유방은 많은 조공물과 함께 공주를 흉노족에게 시집을 보낸다는 굴욕적인 조약을 맺고서 풀려났다. 이 굴욕적인 관계는 100년 가까이 이어졌다. 7대 황제에 오른 무제는 한고조의 굴욕을 씻기 위해 대군을 일으켜 본격적으로 흉노를 공략하여 이들을 북방 초원에서 몰아내는 데 성공했다.

그러자 초원지대에서 쫓겨난 흉노족들은 서쪽으로 이동하여 돈 강을 건너 그곳에 거주하고 있던 알란족과 게르만족의 한 분파인 동고트족을 공격했다.

당시 동고트족은 광대한 영토를 차지하고 전성기를 구가하고 있었지만 훈족과 싸움에서 패배하고 왕 에르마나리크가 자살하면서 무너졌다. 그 광경을 지켜보고 있던 서고트족은 훈족이 다가가기도 전에 서쪽으로 도망쳤다. 훈족에게 쫓겨난 게르만족은 로마와의 접경지역으로 옮겨 가 후일 로마 멸망의 단초를 제공하게 되었다. 당시 흉노족을 이끌던 장군은 아틸라로 유럽에서는 공포의 대명사가 될 정도였다.

• • •

유목민들은 한 곳에 머물지 않고 이동했기 때문에 역사의 고비마다 다른 이름으로 불리기도 했다. 중국의 진, 한시대에는 주로 흉노족으로 불리었고 수, 당시대에는 돌궐족으로 불리었으며, 고대 그리스시대에는 스키타이족, 로마에서는 훈족으로 불리었다. 언어학적인 분류로 보면 모두 몽골족이다.

중국 역사에서 한족이 세운 국가는 한漢, 수壽, 당唐, 송宋, 명明 정도였으며 나머지는 모두 북방민족들이 세운 나라였다. 거란족이 세운 나라가 요나라였고 여진족이 세운 나라가 금나라였으며 원나라는 몽골족이 세운 나라였다. 중국의 마지막 왕조 청나라 역시 여진족이 세운 국가였다. 흉노족이 유럽으로 가서 세운 나라가 헝가리, 핀란드이며 돌궐족이 세운 나라가 터키였다.

유목민들의 눈에 비친 정착민들은 조상을 잘 만나서 좋은 땅을 차지하고 편하게 먹고 사는 사람들이며, 말도 탈 줄 모르는 사람들, 여자들이나 하는 짓을 흉내 내는 겁쟁이들이었다.

반면 주기적으로 침략을 당하기만 했던 농경, 정착민들이 보기에 유목민들은 한마디로 야만족이었다. 글도 읽을 줄 모르는 문맹인, 살인자, 약탈자였다. 그래서 중국인들은 이들을 흉노, 돌궐 등으로 낮추어 불렀으나 유럽의 역사책에서는 흉노족을 훈족으로, 돌궐족을 투르크족으로 기록하고 있다.

스카타이족은 BC 8~7세기, 중앙아시아에서 러시아 남부지방으로 이주하여 강력한 기마 군사력으로 5세기 이상 제국을 유지한 민족이었다. 그 남쪽에는 페르시아제국이 버티고 있었다. 페르시아는 서쪽으로 유럽의 발칸까지 진출했고 남쪽으로는 리비아, 에티오피아 및 수단까지, 동쪽으로는 판잡지역과 인더스 계곡 전역을 손에 넣으면서 대제국을 이룩했다.

스카타이 사람들은 일정한 본거지도 없이 떠돌다가 갑자기 나타나 약탈을 하기 때문에 페르시아에는 늘 불안의 대상이었다. 마침내 페르시아제국의 다리우스 대왕은 이들을 정벌하기로 마음먹고 600척의 대선단에 70만 군대를 이끌고 보스포루스 해협을 건너 현재의 루마니아에 상륙하여 스키타이의 본거지를 공격하기 시작했다. 아무리 대제국 페르시아였지만 70만 대군이 바다를 건너 전쟁을 했다는 것은 다소 과장된 게 아닐까 생각된다. 어느 경우든 BC 514년경에 벌어진 이 전쟁은 아시아와 유럽 세력이 격돌한 최초로 전쟁으로 기록되고 있다.

전쟁이 일어나자 스키타이 군은 빠른 기동력을 앞세워 페르시아 군대가 하루 정도에 추격할 수 있는 거리를 유지하면서 먹을 것을 모두 불태우고 우물을 메우면서 달아났다. 그러다가 페르시아 군이 지치면 전광석화와 같이 반격을 가한 후 다시 후퇴하곤 했다. 이것을 병법에서는 청야淸野 작전이라고 부른다. 즉 들판을 완전히 불태워 먹을 것을 없앤다는 의미이다. 나중에 독일의 히틀러나 나폴레옹이 러시아를 침공했을 때 러시아가 사용했던 전략이 바로 이 청야 전략이었다. 일종의 초토화 전략이었다.

역사가 헤로도투스는 이 전쟁 중에 있었던 재미있는 일화 하나를 소개하고 있다. 추격의 성과가 전혀 나타나지 않자 다리우스 대왕은 스키타이의 왕 이단티르소스에게 편지를 보냈다.

"우리 군대에 맞서 싸울 자신이 있다면 더 이상 도망만 다니지 말고 당당히 싸우자. 만약 역부족이라고 느낀다면 더 이상 도망치지 말고 항복을 하라."

그러자 이단티르소스는 새, 쥐, 개구리, 다섯 개의 화살을 다리우스에게 보냈다. 다리우스는 스키타이 쪽에서 보낸 선물의 뜻이 무엇인가를 놓고 회의를 열었다. 다리우스는 이것을 스키타이인들이 항복의사를 밝힌 것이라고 풀이했다.

"쥐는 땅 속에서 살면서 인간과 똑같은 곡물을 먹고, 개구리는 수중에서 살며, 새는 말과 매우 비슷하고(속도가 빠르다는 뜻), 화살을 가져온 것은 그들의 무기를 인도하겠다는 뜻으로 해석할 수 있소."

그러나 다리우스의 부하인 고브리아스는 다리우스와는 다른 해석을 했다.

"페르시아 놈들아, 네놈들이 새가 되어 하늘로 날아가든지, 쥐가 되어 땅속으로 숨든지, 아니면 개구리가 되어 호수 속으로 뛰어들지 않는 한, 반드시 이 화살이 너희들의 심장을 꿰뚫을 것이다."

다리우스는 부하의 해석이 옳다고 판단하여 철수를 단행했다. 그 후 다리우스는 다시는 스키타이와 대결하지 않았다.

: 제국의 몰락 패턴 :

강대국의 몰락을 엔트로피의 증가로 설명할 수도 있을 것이다. 강대국, 곧 강력한 통치 시스템과 경제력, 군사력, 기술력을 가진다는 것은 다른 나라에 비해 훨씬 더 많은 에너지를 사용한다는 의미가 된다.

일단 강대국이 되고 나면 국경선이 길어진다. 긴 방어선을 지키기 위해서는 많은 병력과 군사비를 지출해야 한다. 여기에 복지에 대한 요구도 차츰 증대하게 된다. 이러한 에너지의 사용은 곧 엔트로 피의 증가를 의미한다. 엔트로피를 낮추기 위해서는 다시 더 많은 에너지를 사용해야 하는 악순환에 빠지게 된다. 이것이 강대국 몰락 패턴이다.

• • •

로마의 경우, 초기에는 정복지에서 들어오는 식량과 노동력(노예) 이 풍부했다. 그러다가 후기에 이르러서는 정복할 땅도 별로 없었 지만 있다 하더라도 정복지에서 얻을 수 있는 수익에 비해 정복에 드는 비용, 정복지를 유지하는 비용이 더 많이 들었다. 결국 대외 정 복을 멈추는 대신 자영 농민들에게 과도한 세금을 매기는 것으로 해결하려 했다. 그러나 이들 역시 여유가 없기는 마찬가지였다, 피 정복지에서 들여오는 값싼 농산물 때문에 지주들 역시 몰락하는 중 산층이었기 때문이다. 그러자 지주들은 과도한 세금을 피하기 위해 농장을 버렸고 국고는 바닥을 들어냈다.

국고를 탕진한 네로 황제는 금화의 무게를 10.9g에서 7.27g으로 줄였다가 나중에는 금화 대신 은화를 발행했다. 그 은화마저도 후 대로 갈수록 은의 함량이 점점 줄어들어 나중에는 0.02%의 은으로 도금한 은화를 내놓았다. 그러자 사람들은 화폐에 대한 신뢰를 접 었고 물물교환으로 돌아가야 할 처지가 되었다. 화폐의 역사로 보 는 로마의 몰락이다.

그러는 과정에서 경제난, 전염병, 이민족들의 잦은 침입 등으로 로마 내부는 허약할 대로 허약해져 있었다. 그래도 귀족들의 파티는 멈출 줄 몰랐다. 나중에는 군대를 유지할 돈이 없어 게르만 용병들에게 국경수비를 맡겼다가 마지막 황제가 게르만 용병대장에 의해 폐위되면서 1000년 제국의 막을 내리게 된다.

2011년 중동에 휘몰아친 재스민 혁명으로 튀니지, 이집트, 리비아, 예멘 등 네 나라의 독재자가 물러나거나 죽었다. 리비아의 경우에는 독재자 카다피의 죽음을 비롯하여 가문이 멸문할 정도가 되었다. 사막의 거대한 모래 폭풍이었다.

이의 발단은 길거리에서 야채, 과일을 팔던 튀니지의 한 청년이 경찰의 과도한 단속에 항의하여 분신자살을 했고, 이것이 기폭제가 되어 전국적인 시위로 번진 것이다. 튀니지에는 대학을 나와도 일자리를 찾기가 하늘의 별따기만큼 어렵다. 청년실업률이 30%에 육박하고 있다.

시위가 격화되자, 알리 벤 알리 대통령이 사우디아라비아로 탈출함으로써 튀니지 사태는 일단락되었으나 민주화에 대한 요구는 중동 전역으로 번졌다. 이 일련의 사태를 튀니지의 국화인 재스민의 이름을 따서 재스민 혁명으로 부르게 되었다.

물이 가득찬 그릇에 물 한 방울을 더 떨어뜨리면 그릇 전체의 물이 넘쳐난다. 이것이 임계치 이론이며 티핑 포인트이다. 작은 요인 하나가 전체를 흔들 수 있다는 것이다.

한 청년의 분신자살과 중동 전역의 혁명과는 직접적인 인과관계는 존재하지 않는다. 다만 이 국가들이 모두 독재자의 장기집권과 피폐한 민심으로 언제든 폭발할 가능성을 안고 있었다. 여기에 한 청년의 분신자살이 나비효과로 증폭되어 중동 전역으로 번진 것이다.

· · ·

1000년 제국 로마의 몰락 원인을 두고 오랫동안 논쟁이 이어지고 있다. 납중독으로 몰락했다는 설, 사회보장 제도가 잘되어 있어 놀기만 했다는 설, 성문화가 문란해지면서 대대적으로 성병이 번졌다는 설 등 그럴싸한 원인들도 많다.

초기에는 외부적 요인으로 붕괴를 설명하려는 논의가 지배적이었다. 영국의 역사학자 에드워드 기번은 기독교의 확산과 게르만의 침입을 원인으로 지목했다. 기독교가 황제와 국가에 대한 충성을 야훼 신에게로 돌렸다는 주장이다. 여기에 게르만족의 침입이 가세했다는 것이다.

로마 몰락의 군사적인 측면만 보자. 게르만족의 이동은 흉노족의 이동에서 비롯되었고, 흉노족의 이동은 한나라 무제의 흉노족 정벌에서 비롯되었다(흉노는 중국인들이 낮추어 부르는 이름이고 유럽의 역사에서는 훈족으로 부른다).

중앙아시아 스텝지역의 유목민족이었던 흉노족은 중국을 통일한 한고조 유방에게는 부담스러운 존재였다. 수시로 국경을 넘어 약탈을 일삼았기 때문이었다. 마침내 유방은 이들을 정벌하기 위해 직접 출병했지만 오히려 잡히는 몸이 되어 공물을 바치고 딸을 흉노족의 부족장에게 바치면서 굴욕적인 강화를 해야 했다.

7대 황제에 오른 한나라 무제는 한고조 유방의 굴욕을 씻기 위해 대군을 일으켜 흉노족을 몰아냈다. 한나라에 쫓긴 흉노족은 볼가 강, 돈 강을 지나 동고트족, 서고트족 등 게르만족의 본거지를 압박했다. 흉노족들이 물러난 자리에 동서 교역로를 닦으니 그것이 곧 비단길이다.

서쪽으로 쫓겨난 게르만족은 라인 강과 도나우 강을 경계로 하여 로마와 국경선을 맞대는 곳에 머물렀다. 새뮤엘 헌팅턴이 《문명의 충돌》에서 말한 '문명의 단층선'을 이룬 것이다. 그러자 강한 초민족 공동체 의식이 형성되기 시작했다. 베두인족이 그러했고 몽골족이 그러했고 게르만족이 그러했다.

게르만족들은 로마로부터 식량과 일상용품을 얻기 위해 때로는 교역을 하고 때로는 약탈을 했다. 로마가 강할 때는 구걸하는 교역을, 로마가 약해지면 약탈을 일삼았다. 이에 가이사르의 뒤를 이어 왕위에 오른 아우구스투스 황제는 게르만 정복에 나섰지만 게르만에 패하자 정복을 포기하고 말았다.

그러는 동안 이들 사이에서는 서서히 교류와 통혼도 이루어졌다. 3세기 초반경, 힘이 약해진 로마는 2400km에 이르는 긴 국경선을 자체 병력으로 감당할 수 없어 징병제를 모병제로 바꾸어 게르만족까지 용병으로 충원해야 했다. 그러다가 나중에는 아예 게르만 용병들에게 국경수비를 맡겨 버렸다. 경제가 바닥이 나서 자체적인 군대를 유지할 능력이 없었던 것이다.

그러다가 로마의 마지막 황제 로물루스 아우구스툴루스가 게르만 용병 대장에 의해 폐위되면서 서로마의 역사는 종말을 맞았고 그 변방에 고트족, 프랑크족, 반달족, 부르군트족 등의 여러 게르만 부족들이 작은 왕국들을 세웠다.

로마가 게르만족의 침입으로 망했다는 것은 결과적인 해석일 뿐, 그 이전에 이미 로마는 내부적인 요인으로 제국으로서의 위상을 잃어버리고 무너져 내렸던 것이다.

• • •

과다한 군사비 지출도 제국 몰락의 요인으로 작용한다. 강대국은 대부분 경제력으로 일어서고, 이를 지키기 위해 군사대국이 되었다가, 과도한 군사비를 감당하지 못해 서서히 몰락해간다. 그러는 사이에 군사력에 대한 부담이 없는 후발 세력이 부를 축적하면서 새로운 강자로 부상한다. 이것이 예일 대학의 폴 케네디 교수가 16세기부터 500년 동안에 피고 진 제국들을 분석하면서 내놓은《강대국흥망》패턴이다.

그리스 아테네와 로마제국, 비잔틴제국, 오스만제국, 스페인의 공통점은 세계의 '패자覇者'로 역사의 한 페이지를 장식했지만 재정위기를 극복하지 못하고 찬란했던 영광에 '마침표'를 찍었다는 것이다. 과거의 영국이나 지금의 미국도 이 범주에 넣을 수 있을 것 같다.

　2차 세계대전 이후에 강대국으로 떠오른 미국은 직접적인 식민지는 별로 없었으나 공산권과 대치하고 전 세계의 주요 자원에 대한 영향력을 유지하기 위해 많은 군사비를 지출해야 했다. 미국의 군사비는 전 세계 군사비의 거의 절반에 해당된다. 그로인해 미국은 세계 최대의 채무국이 되었다. 미국의 부채는 GDP 대비 90%를 넘어선 상태이다.

　미국 정부는 현재 채무한도 조정안을 놓고 의회와 첨예한 갈등을 겪고 있다. 만약 의회가 채무한도를 확대해주지 않으면 정부는 돌아오는 국채를 상환할 수 없게 된다. 미국 정부가 갚아야 하는 돈은 대략 월 5,000억 달러 수준이어서 채무유예_{모라토리엄}나 채무불이행_{디폴트} 선언이 나올 가능성도 배제할 수 없다. 많은 사람들이 미국의 몰락을 점치는 이유이다.

　초기에 로마를 제국으로 일으킨 것은 관용과 포용이었지만 로마를 지탱한 것은 귀족과 시민들의 노블레스 오블리주 정신이었다. 사회적인 지위를 가진 자는 마땅히 그에 상응하는 명예와 임무를 져야 한다는 의미이다. 그러나 그 노블리스 오블리제 정신이 쇠락하면서 로마는 몰락의 길을 걸었다.

　초기 로마의 귀족들이 가장 중요시한 것이 덕_{virtus}이었다. virtus에서 vir는 '남자'를 가리키는 말이다. 진정한 남자가 갖추어야 할 자질을 가리키는 말이다. 선악을 구분할 줄 알고, 가족과 공동체에 헌신하고, 전쟁에서 영웅적으로 싸울 줄 아는 것 등이 모두 포함되어 있다.

이 점이 그리스와 달랐다. 그리스는 호메로스에 나오는 영웅들의 이야기나 올림픽 경기에서 보듯이 그들은 영웅이나 개인적인 기량을 중시했다. 물론 그리스도 페르시아와의 전쟁에서 자발적으로 참여한 헌신적인 시민군 덕분에 승리할 수 있었지만 개인적인 성향이 아주 강했다는 점이다. 그러나 로마, 적어도 초기 로마에서는 나라가 위태로울 때 자신을 희생시키면서 나라를 구하는 남자가 영웅이었다. 젊은 남자들은 나라를 위해 죽는 것은 달콤하면서도 영광스러운 일이라는 생각을 공유하고 있었다.

흔히 노블레스 오블리주의 전형으로 알려진 킨킨나투스의 이야기가 전해진다. 그의 가문은 대대로 고위직에 올랐고 그 역시 집정관이었다. 집정관 임기가 끝나자 그는 로마 변두리로 가서 농사를 짓는 평범한 농민으로 살았다.

그러던 중 전쟁이 났다. 당시 집정관인 루키우스 미누키우스는 군단을 이끌고 나가 싸웠으나 적들에게 포위되고 말았다. 이에 원로원은 전 집정관인 킨킨나투스를 독재관으로 임명했다. 독재관은 6개월 임기의 최고사령관이었다.

전령이 킨킨나투스를 찾아가자 쟁기를 내던지고 곧장 특별군단을 이끌고 전장으로 달려가 순식간에 적들을 무찔렀다. 킨킨나투스가 로마로 돌아오자 시민들은 영웅을 위해 축제가 열었고 원로원도 그의 개선을 환영했다. 하지만 자신의 임무를 마친 그는 독재관 자리를 버리고 집으로 돌아가 다시 쟁기를 잡았다는 이야기다. 이것이 로마의 귀족정신이었다.

또 로마인들은 명예를 아주 중요시했다. 법을 어겼거나 죄를 범했을 경우 자신이 죄를 지었다고 공개적으로 선언하는 것으로 처벌을 대신할 정도였다. 명예를 잃는다는 것은 치욕 중에 치욕이며 명예를 잃으면 모든 것을 잃는 것이기도 했다. 전쟁에서 죽는 것은 명예로운 일이었지만 도망을 가거나 항복을 하는 것은 치욕 중의 치욕으로 여겼다. 그런 정신이 로마를 있게 한 에너지였다.

전쟁이 일어나면 귀족들은 솔선수범하여 전쟁에 나갔고 혹은 스스로 재산을 헌납하여 전쟁비용을 댔다. 포에니전쟁의 경우를 보자. 로마가 이탈리아 반도를 통일하고 지중해에 대한 영향력을 확대할 무렵 이에 불안을 느낀 카르타고는 100년 동안 3차에 걸쳐 로마와 전쟁을 벌이게 되었다.

2차 포에니전쟁이 바로 그 유명한 한니발 장군과 로마의 싸움이었다. 전쟁이 발발하자 로마의 귀족들은 평민보다 먼저 전쟁에 참가했다. 이 때문에 로마 귀족들의 사망률은 평민보다 훨씬 더 높았다. 이 전쟁에서 로마의 최고 지도층인 집정관이 13명이나 전사할 정도였다.

또 전쟁비용을 충당하기 위해 스스로 전쟁세를 만들어 많은 세금을 부담했으며 이것으로도 부족하자 전시국채를 발행하여 부자와 귀족들이 스스로 부담했다. 귀족들은 그것을 영광으로 생각했다.

여기서 한 가지를 더 짚고 넘어가자. 로마의 군대는 이상하리만치 전쟁에서 잘 이기지 못했다. 많은 중요한 전투에서 패했음에도 전쟁에서 이기는 일이 많았다. 전투에서 지고도 전쟁에서는 이긴다,

결국 로마인들은 이길 때까지 싸웠다는 말로 표현할 수 있을 것 같다. 로마의 역사는 무수한 전쟁의 역사로 가득한 이유이다.

한니발과의 두 번째 싸움인 포에니전쟁에서도 로마의 군대는 패전의 연속이었다. 타치노 강 전투, 트레비아 강 전투, 트라시메노 호 전투, 칸나이 전투에서 모두 그러했다. 특히 칸나이 전투에서는 로마군 5만 명이 전사했으며 원로원 의원 $\frac{1}{3}$이 죽었다. 그래도 한니발과의 전쟁에서 결국 승리를 거두었다. 그것이 로마인들의 헌신이었다.

그러나 지중해를 제패한 로마는 더 이상 목표가 없어지자 허탈감에 빠졌고 이것이 귀족들의 사치와 향락으로 이어졌다. 귀족들은 하루 종일 목욕과 원형경기장에서 검투를 즐기다가 밤이면 파티를 즐겼다. 해외에서 수입되는 사치품과 은그릇을 사 모으고 매일 밤 화려한 파티를 즐기기 시작했다. 초기 국가를 위해 죽는 것을 영광으로 알았던 귀족들은 누가 더 화려한 파티를 여는가 하는 것을 두고 경쟁했다. 전쟁이 일어나면 가장 먼저 달려가던 귀족들이 이제는 병역마저 기피했고 결국은 전쟁 포로나 외국 용병에게 국경수비를 맡겨야 했다.

귀족들이 노블레스 오블리주 정신으로 무장하고 엄격한 규율과 절제 있는 행동을 했던 때는 번영했으나 귀족이 노블레스 오블리주를 잃어버리고 사치, 향락, 탐욕에 빠져들면서 쇠망의 길로 들어서게 된 것이다.

로마의 도로 또한 열린 시스템의 하나로 보아야 할 것이다. 로마는 도로를 닦아 가면서 제국을 건설했다고 해도 좋을 듯하다. 로마 건국에 수백 년이 걸린 것처럼 도로 건설에도 수백 년이 걸렸다.

도로란 군대와 인적, 물적 유통을 원활히 하기 위한 것이다. 고대에는 특히 군사적인 목적이 아주 강했다. 도로를 처음 닦은 나라는 페르시아제국이었다. 페르시아에 의해 건설된 대표적인 도로가 '왕의 길'과 '페르시아 길'이었다. 왕의 길은 구약성경에 나오는 요르단 왕의 길로 남북으로 이어진 길인 반면, 페르시아 길은 동서로 뻗은 2,600km의 포장도로이다. 서울-부산이 429km임을 감안한다면 실로 엄청난 규모였다.

그러나 인체에 피가 돌듯이 도로와 도로를 연결한다는 개념으로 건설된 도로는 로마가 처음이었다. 로마의 도로건설 역사는 BC 312년에 시작되었다. 당시 이탈리아 반도 대부분을 장악했던 로마는 로마에서 카푸아까지 50km 닦은 것을 시작으로 BC 240년에는 아드리아 해까지 540km, 그리고 전성기의 로마가 닦은 도로의 총연장은 간선도로만 8만km에 이르렀다.

토목공사 역시 동서양 모두에서 BC 3세기경에 활기를 띄었다. 로마가 도로를 닦았다면 동양의 진시황은 아방궁을 짓고 만리장성을 쌓은 것이다. 진시황은 문을 닫아걸었고 로마는 문을 활짝 열어젖힌 것이다. 문을 닫아걸었던 진나라는 단명했으나 길을 열었던 로마는 장수할 수 있었다.

그러나 진나라가 처음부터 문을 닫아걸었던 것은 아니었다. 춘추전국시대의 진나라는 제나라, 위나라 등 전국 7웅들이 할거할 당시에는 변방의 작은 나라에 불과했다. 그런 진나라가 천하를 통일할 수 있었던 요인 역시 로마와 마찬가지로 '개방'이었다.

진나라는 국경을 활짝 열어젖히고 외부의 인재들을 받아들였다. 그리하여 진나라에는 국경을 넘어온 벼슬아치들이 넘치고 있었다. 이들의 도움으로 이룩한 것이 천하통일이었지만 진시황은 통일을 하자마자 문을 닫아걸었던 것이다. 문물의 이동을 막기 위해 만리장성을 쌓고 정보의 유통을 막기 위해 유학자들을 잡아 죽이고 책을 불살랐다.

많은 학자들은 통치 시스템에서도 로마와 몽골의 차이를 설명하고 있다. 몽골은 폭압적으로 정복지를 다스렸지만 로마는 관용과 포용으로 정복지 백성들을 껴안았다는 것이다. 로마를 세운 로물루스는 전쟁에서 패한 사비니족에게 로마인과 똑같은 시민권을 부여하고, 투표권과 사유재산을 보장하며, 사비니족 원로들에게는 원로원 의석까지 제공했다. 파격적인 관용을 베푼 것이다.

정복지가 넓어져도 로마는 순수 혈통을 고집하지 않았고 관용과 개방을 통해 타 민족, 타 문화, 타 종교를 적극적으로 인정하고 수용했다. 로마인들의 정신적인 고향은 그리스였으며 종교적인 고향은 예루살렘이었다. 그것이 서구문명의 뿌리가 되었다.

야만인이든 피정복 국가의 구성원이든 누구나 정치과정에 참여할 수 있었고 부와 명성을 누릴 수 있는 기회가 로마인과 등등하게 주어졌다. 물론 전쟁에서 잡아온 포로들을 노예로 만들었지만 이들도 공을 세우면 로마 시민으로 살아갈 수 있는 기회가 주어졌다.

로마가 그리스를 정복했을 때 그리스 지식인 1천 명이 로마로 잡혀왔다. 그중에는 그리스의 유명한 역사가 폴리비오스도 있었다. 그러나 그는 감옥에도 가지 않았고 노예생활을 하지도 않았다. 유력 인사의 집에 맡겨져 자유롭게 살았다. 여행도 그리스를 제외하고는 마음대로 할 수 있었다. 그는 남부 이탈리아를 여행하고 에스파냐와 아프리카도 여행할 수 있었다. 그러면서 그는 강한 의문을 품게 되었다.

'왜 그리스는 실패했고 로마는 성공했는가?'

거기서 그가 찾아낸 해답이 '관용'과 '포용'이었다. 자신의 조국 그리스였더라면 자신은 이미 죽었거나 최소한 감옥에서 일생을 보냈을 운명이지만 로마는 자신마저 로마를 위해 기여할 수 있는 기회를 만들어주었다는 것이다.

역사가 폴리비오스는 이렇게 적고 있다.

"비록 지배당하기 전에는 적이었지만 지배 이후에는 로마인과 동동한 생활기반을 보장하는 관용, 그것이 로마를 있게 한 원동력이었다."

그러한 관용과 포용은 민주주의의 발생지인 그리스에서도 상상할 수 없는 일이었다.

아테네의 경우를 보자. 아테네의 외국인 규정은 '아테네 시민이 아닌 모든 사람'이었다. 즉 아테네에서, 아테네인 부모에서 태어난 사람이 아니면 모두가 외국인으로 차별대우를 받아야 했다. 그리스가 낳은 가장 위대한 인물 중의 하나인 아리스토텔레스에게도 마케도니아 출신이라는 이유로 시민권을 주지 않았던 것이 아테네였다.

이는 아테네를 멸망시킨 스파르타도 마찬가지였다. 펠로폰네소스 전쟁에서 아테네를 무너뜨리고 패권을 차지한 스파르타는 배타적인 순수혈통주의를 고집하면서 군국주의를 실시했던 전형적인 닫힌 나라였다.

지배계급을 형성하고 있는 스파르타인은 1만 명 남짓, 나머지 피지배계급은 시민권이나 참정권이 없는 타민족들이였다. 그 1만 명으로 그리스 반도 전체를 다스리기 위해 전 시민을 혹독하게 훈련시켰다. 지금도 혹독한 훈련을 스파르타식이라고 말하는 것도 여기에서 연유된 것이다.

로마의 관용에 대해 플루타크 영웅전을 쓴 역사가 플루타크는 이렇게 적고 있다.

"패자조차도 자기들에게 동화시키는 관용이야말로 로마의 힘이었다."

미국 헌법을 기초했던 윌슨은 이렇게 적었다.

"로마는 자국의 힘을 전 세계로 확장하려 한 게 아니라 세계의 주민들이 자진해서 로마로 들어오도록 만들었다."

요즘의 표현을 빌리면 로마는 바로 기회의 나라였다. 무대를 만들어 놓을 테니 자국민이든 이민족이든 로마로 들어와서 마음껏 재능을 발휘하여 로마 건설에 기여하라는 것이었고, 그런 사람에게는 로마인과 차별이 없는 대우를 하겠다는 것이다. 이를 그대로 모방한 것이 미국이다. 기회의 나라 미국은 그렇게 탄생했다. 열역학 개념에 의하면 열린계이다.

로마는 지속적으로 외부 에너지를 받아들일 수 있었지만 스파르타는 닫힌 시스템이어서 자체 에너지를 다 쓰고 나면 엔트로피, 곧 무질서만 남게 된다. 결국 스파르타는 그리스 반도를 통일했지만 40년을 넘기지 못하고 알렉산더 대왕의 마케도니아에 복속되면서 역사의 뒤안길로 사라졌다.

· · ·

《강대국의 흥망》을 쓴 폴 케네디 교수에 의하면 16세기 무렵 세계에서 가장 강한 세력은 중국의 명나라였고 그다음이 오스만제국, 무굴제국, 러시아, 일본의 도쿠가와 막부였다. 강대국 서열로 보면 유럽 국가들이 마지막 순위이다.

그러던 중국이 왜 몰락하고 유럽 세력들이 근대를 지배했는가? 이에 대해 케네디 교수는 강대국으로 도약하기 위해서는 개방적인 문화가 필요하다고 지적하고 있다. 중국이 폐쇄정책을 쓴 반면 유럽은 개방정책을 썼기 때문이라고 지적한다.

예를 들면 중국은 서양보다 먼저 인쇄술을 발명했지만 그것을 왕실의 기록을 위한 수단으로 사용했을 뿐 국민들의 지식보급의 수단으로 활용하지 못했다는 지적이다. 이에 비해 유럽에서는 쿠텐베르그의 인쇄술을 지식과 정보의 보급 수단으로 활용했다는 것이다.

중국이 대외교류에서도 폐쇄적이기는 마찬가지였다. 명나라는 넓은 땅과 강력한 중앙집권적인 통치로 많은 부를 축적했다. 그러나 그것은 모두 중앙정부로 귀속되었다. 중국의 동남권지역은 넓은 바다를 끼고 있었지만 중국의 중앙정부는 지방 세력들이 독자적인 세력을 형성하는 것이 두려워 상업과 대외무역을 금지했다. 이에 비해 유럽 각국들은 도시국가 혹은 제후국가 체제를 유지하고 있었기에 자유롭게 상업과 무역활동을 할 수가 있었다. 이것이 유럽을 세계의 강자로 떠오르게 한 요인이었다.

: 몰락의 90%, '내부적 몰락' :

문명이나 국가의 몰락도 외부적인 요인을 주장하는 학설과 내부적인 요인을 주장하는 학설이 팽팽하게 맞섰지만 대부분의 몰락 과정을 보면 딱히 어느 한 요인에 의해 몰락했다기보다는 내부적으로 체질이 허약해진 상태에서 외부의 침입이 겹쳐 몰락하는 경우가 대부분이었다.

영국의 역사학자 아놀드 토인비는 역사 문명의 흥망성쇠를 논하면서 21개의 문명권 중에서 19개의 문명은 외부적인 요인에 의해서가 아니라 내부적인 원인에 의해서 멸망했다고 지적한다. 내부적으로 도덕적 해이와 타락이 부패를 불렀고 이것이 도덕성 붕괴로 이어지면서 몰락한 것이다. 여기서 외부의 침략은 붕괴된 그 사회에 대해 한 번 더 매질한 것에 불과하다는 것이다.

로마의 경우라면 식민지와 노예에 의존하던 경제가 한계에 이르렀고 귀족들의 노블레스 오블리주 정신이 사라지고 나중에는 국경을 수비하는 군대를 유지할 수 없는 지경에 이르렀다. 여기에 게르만족의 침입이 가세한 것이다.

영국의 역사학자 토인비는 로마가 카르타고와의 전쟁에서 승리한 것이 역설적으로 로마를 병들게 만들었다고 주장한다. 로마는 BC 264년부터 BC 146년까지 100년이 넘는 기간 동안 카르타고와 지중해의 패권을 놓고 3차례에 걸친 생사를 건 전쟁을 치렀다. 이것이 포에니전쟁이다.

그중 가장 치열했던 싸움은 BC 218~BC 201년까지 18년 동안 한니발과 겨루었던 2차 포에니전쟁이었다. 이 전쟁을 치루는 동안 로마는 내부적으로 강하게 결속할 수 있었다. 그러다가 카르타고라는 강한 적이 사라지고 지중해의 패권을 잡고 나서부터 무사안일에 빠져들었다는 것이다.

여기서 스키피오의 눈물이 나온다. 카르타고에 승리를 거두자 로마 시민들은 그동안 카르타고에 대해 쌓였던 분노를 참지 못해 카르타고의 모든 것을 잿더미로 만들라고 주문했다. 이에 대해 로마 장군 스키피오는 반대했다. 로마를 일으킨 정신, 관용을 베풀어 카르타고마저 껴안아야 한다는 주장이었다.

그러나 들끓는 여론을 스키피오 혼자서 감당할 수 없었다. 그리하여 마침내 카르타고는 거대한 불덩이 속으로 사라졌다. 관용을 국격로 내걸었던 로마였지만 카르타고에 대해서만은 관용을 베풀 수 없었던 것이다. 초심을 잃어버린 것, 그것이 로마 몰락의 시작이었다.

불타는 카르타고를 지켜보면서 스키피오는 눈물을 흘렸다. 이것이 그 유명한 스키피오의 눈물이다. 스키피오는 왜 울었을까? 카르타고가 불타고 나면 다음 차례는 로마가 될 것임을 알았기 때문이 아닐까?

여기서 하이에나를 비유로 들어보자. 아프리카 밀림에서 사자를 이길 수 있는 유일한 동물이 하이에나이다. 사자가 사냥을 하여 먹이를 먹고 있으려면 저만치서 하이에나 무리가 몰려온다. 사자의 먹이를 빼앗으려는 것이다. 강한 사자라지만 무리를 지어 달려드는 하이에나는 무서운 적이다. 결국 사자는 먹이를 포기하고 자리를 뜬다. 사자가 사라지면 하이에나들은 빼앗은 전리품을 놓고 자기들끼리 물고 물리는 싸움으로 이어진다. 하이에나는 강한 적이 있을 때는 힘을 합쳐 자신들을 지켜내지만, 적이 사라지고 나면 자신들끼리 싸운다는 것이다. 외부의 강한 적이 사라지고 나면 이번에는 내분이 일어나고, 서서히 몰락으로 이어지는 것이 역사의 법칙이다. 스키피오는 그것을 알고 있었던 것이다.

스키피오의 예상대로 카르타고가 사라진 이후 로마는 민중파와 원로원파의 극심한 대립이 내전으로 이어졌다. 마리우스와 술라는 서로 죽고 죽이는 싸움에 매달렸다. 그후 삼두정치가 이어지는 동안 잠깐의 평화가 있었으나 곧 카이사르와 폼페이우스의 싸움으로 이어졌고, 카이사르가 승리자가 되었으나 그 역시 암살당하고 말았다.

이후 티베리우스, 칼리굴라, 클라우디스, 네로, 코모두스와 같은 폭군들이 황제의 자리를 이어가면서 로마는 몰락하고 말았다. 그 사이 마르쿠스 아우렐리우스와 같은 현명한 황제가 있었으나 침몰하는 거함 로마를 구하기에는 너무 늦었다.

· · ·

캘리포니아 대학의 철학교수 윌 듀런트는 역사적으로 내분이나 내전 없이 외침만으로 몰락한 제국은 그리 많지 않다고 말한다. 로마 역시 외부의 강적이 사라지자 내분으로 국력을 소진하면서 몰락의 길을 걸었다.

진시황은 북방 흉노족을 막기 위해 역사에 남을 만리장성을 쌓았지만 어이없게도 내분으로 무너지고 말았다. 비잔틴문명을 꽃피웠던 동로마제국의 수도 콘스탄티노플은 세 겹의 성으로 둘러싸여 있었고 성 주위에는 너비 18m 깊이 6m의 해자까지 설치했지만 십자군전쟁 때 내분이 일어나 하루아침에 무너지고 말았다.

우리의 역사에서 고구려나 백제도 내분으로 몰락했다. 당시의 고구려는 명실 공히 동아시아의 최고 강자였다. 중국을 통일한 수나라가 고구려를 정복하려다가 오히려 당나라에 나라를 빼앗겼으며 당나라 역시 대제국이었지만 역시 고구려 정복의 뜻을 이루지 못하고 물러날 정도였다.

고구려는 보장왕 당시 실력자였던 연개소문이 죽자 남생, 남건, 남산 세 아들 사이에 내분이 일어나서 몰락하고 말았다. 기록에 의하면 연개소문 사후 장남 남생이 막리지가 되었다. 성을 순시하러 나가는 동안 남생은 두 동생을 불러들여 국정을 맡겼다. 그러나 두 동생은 남생을 축출해 버리고 군사를 일으켜 남생을 공격했다.

남생은 당나라로 도망쳤다가 당나라 고종을 앞세워 고구려를 공격했다. 이것으로 고구려의 평양성이 함락되면서 고구려는 문을 닫아야 했다. 동족상잔에다 외침이 겹친 결과지만 내분에 좀 더 무게를 두어야 할 것 같다. 이를 외우내환이라고 부른다.

남미 잉카제국의 몰락을 흔히 스페인 군의 총과 스페인 군대가 퍼뜨린 천연두로 원인을 돌리지만 그 이전에 나라가 둘로 갈라질 정도의 내분이 있었다. 1526년, 스페인 군대가 오기 이전에 잉카제국은 와스까르와 아따와르파가 나라를 둘로 나누었다가 결국 내전으로 이어졌다. 이 싸움에서 아따와르파가 승리했지만 민심은 완전히 분열된 상태였다. 여기에 스페인 군대가 잉카에는 없는 동물인 말을 타고 총을 쏘자 몽둥이와 청동무기밖에 없었던 잉카인들은 저항 한번 제대로 해보지 못하고 몰락하고 말았다.

： 제국의 성장 속도와 수명 ：

역사적으로 단기간에 일어선 제국은 수명도 단명했다. 단기간에 제국을 이룩한 몽골이나 알렉산더 대왕의 마케도니아는 수명이 짧았지만 수백 년에 걸쳐 제국으로 일어선 로마는 1000년이 넘는 세월 동안 제국을 유지할 수 있었다.

몽골제국은 시작과 끝을 어디로 보느냐에 따라 역사가 달라진다. 몽골제국은 3대에 걸쳐 중국 본토에 원나라, 외몽골 서부에서 톈산 산맥에 걸친 몽골고원 일대에 오고타이한국, 중앙아시아에 차가타이한국, 바이칼 호 서쪽의 삼림지대와 남러시아에 킵차크한국, 소아시아를 중심으로 한 지금의 이란 땅에 일한국 등을 세웠기 때문이다. 그중에서 가장 중심국이었던 원나라를 기준으로 보면 칭기즈칸의 칸 등극(1206)부터 원나라의 몰락(1368)까지 162년, 원나라만 보면 97년으로 100년을 채우지 못하고 다시 몽골 초원으로 쫓겨났다.

여기서 가정해볼 수 있는 것은 빠르게 일어선 제국은 대부분 무자비한 정복전쟁에 의존할 수밖에 없었을 거라는 사실이다. 실제로 징기스칸과 그의 후손들은 여러 나라를 정복하는 과정도 무자비했지만 나라를 빼앗은 후에도 왕조를 무너뜨리고 저항하는 세력들을 무자비하게 탄압했다. 몽골이 진출한 나라 중에서 왕조를 그대로 유지한 나라는 고려뿐이었다. 고려 왕조를 그대로 남겨 둔 것에 대해서는 지금도 학계에서 의문으로 남아 있다.

몽골 군은 대부분의 전투에서 적보다 적은 군사를 가지고 이겼다. 이는 적군과 피정복민들을 잔혹하게 다루었다는 이야기가 된다. 몽골이 호라즘(지금의 이란)을 정복했을 때는 도시를 완전히 파괴하고 기술자, 상인, 통역관을 제외하고 걸어 다닐 수 있는 사람은 모두 죽였다는 기록이 있을 정도로 '잔인한 군대'의 대명사가 되었다. 서하를 정벌했을 때는 군주는 물론 백성도 모두 죽였다. 그것으로 서하는 역사에서 영구히 사라졌다.

통치 과정 역시 폭압적이었다. 중국 본토를 차지했던 원나라는 한족들을 심하게 차별했다. 한족들에게 무거운 세금을 물리는 것은 물론이었고 심지어 원나라 말기에는 한족들의 등용을 막기 위해 과거제도마저 폐기했다. 이런 강압적인 통치는 불만이 임계치에 이르는 순간 대대적인 반란이 일어나는 것이 보통이다. 그것이 몽골제국의 역사를 100년 전후로 마감하게 하는 요인이 되었다.

그리스 북부의 도시국가에서 출발한 알렉산더 대왕은 서쪽으로는 그리스, 동쪽으로는 인더스 강변, 남쪽으로는 이집트 북부, 북쪽으로는 투르크메니스탄까지 정복했다. 13년의 재위 기간 동안 10년을 원정길에서 보낸 정복왕이었다. 그러나 그의 사후 왕국은 동생, 아들, 그의 부하였던 장군들에 의해 여러 나라로 찢어져 명맥을 유지하다가 BC 202년 로마에 의해 멸망하면서 짧은 역사의 막을 내렸다.

"로마는 하루아침에 이루어지지 않았다."

스페인의 작가 세르반테스가 그의 명작 《돈키호테》에서 처음 썼고 최근 일본의 여류작가 시오노 나나미가 《로마인이야기》에서 다시

써서 유명해진 말이다. 실제로 로마는 서두르지 않고 정복지의 이
민족을 동화시켜 가면서 천천히 일어선 제국이었다. BC 753년 테
베레 강변 동쪽에 있는 팔라티노 언덕 위에 나라를 세운 후 이탈리
아 반도를 통일(BC 270년)하는 데만도 500년 가까이 걸렸다. 그래서
로마를 하루아침에 일어나지 않았다는 말이 생겨났다.

• • •

　이슬람 역사가 이븐 할둔은 유목민들의 '아사비야'가 역사를 움직
이는 원동력이었다고 말한다. 아사비야는 유목민들의 '공동체적 결
속력' 정도를 의미하는 이슬람어이다.

　할둔은 자신의 명저 《역사서설》에서 사막족인 베두인족들이 내분
에 휩싸인 문명세계를 정복하고 나서 새로운 국가를 세우고, 다시
그 국가가 소멸해가는 과정을 사례로 들면서 흥망성쇠의 원인을 아
사비야로 설명하고 있다.

　사막족이 사막을 떠도는 동안에는 모래알처럼 약하지만 일단 문
명 세계과 경계선을 맞대고 나면 강력한 공동체적 결속력, 곧 아사
비야가 형성된다는 설명이다. 사막족이었던 베두인족은 내분에 싸
인 문명사회를 무너뜨리고 아라비아 왕조를 세울 수 있었다.

　그러나 일단 새로운 왕조를 세운 후 새로운 귀족계급이 된 베두인
족은 2대까지는 사막의 야성을 간직하지만 3대부터는 사막에서 살
던 시절의 강인함을 잃어 간다고 말한다. 그리하여 4대가 되면 그들

이 멸망시킨 국가의 일반 국민과 구별이 되지 않을 정도로 완전히 동화되어 버린다. 아사비야가 완전히 사라지기까지 4대가 걸린다. 그러면 제국을 잃어버리고 다시 사막으로 돌아갔다.

중국의 역사를 보면 어느 시기나 북방 유목민들의 결속과 분열이 중국 왕조의 흥망성쇠를 좌우할 정도였다. 우리가 몽골이라고 부르는 유목민족은 몽골 초원에 흩어져 있던 여러 부족을 통칭하는 말이다. 이들의 특징은 평소에는 모래알처럼 흩어져 있지만 강력한 지도자를 만나면 하나로 뭉친다는 점이다.

테무친(칭기즈칸의 아명)이 태어났을 때 몽골 동쪽에 타타르족, 초원 중앙에 게레이트족, 북쪽에 메르키트족, 서쪽에 나이만족 등이 서로 할거하면서 물고 물리는 싸움을 하고 있었다. 테무친은 이들을 통일한 다음 이들의 눈을 외부로 돌리게 하여 정복전쟁에 나섰다. 몽골 외부에는 동쪽으로 금나라, 남쪽으로 송나라, 서쪽으로 서하가 버티고 있었다. 서하의 더 서쪽에는 서요가 있었고, 서요의 서쪽에는 호라즘 왕국이 버티고 있었다. 이들이 모두 칭기즈칸의 목표물들이었다.

먼저 서쪽의 서하를 복속시키고 동쪽의 금나라를 정복했다. 이어서 이슬람 최대 국가였던 호라즘을 정복했다. 호라즘은 지금의 이란, 우즈베키스탄, 투르크메니스탄, 카자흐스탄 남부지역 그리고 아프카니스탄 서북지역을 아우르는 넓은 제국으로 유목민들이 필요로 하는 도자기와 직물 등 물자가 풍부했다. 칭기즈칸은 처음 이들과 교역을 원했으나 그가 보낸 사자들이 죽임을 당하자 군대를 일으켜 호라즘을 정복한 다음 120만 명을 잡아 죽였다.

1227년 칭기즈칸이 죽고 나서 그의 후손들은 베이징에서 아드리아 해까지, 시베리아에서 인도 북부까지 영토를 넓혔으며 칭기즈칸의 손자 쿠빌라이는 1260년에 송나라를 멸하고 원나라를 세워 중국 본토까지 차지했다.

칭기즈칸이 승승장구할 수 있었던 원동력은 강인한 유목민의 기질과 빠른 기동력이었다. 초원에서 잔뼈가 굵은 유목민들에게 말을 다루는 일은 일상사였다. 몽골의 병사들은 말 위에서 모든 것을 해결할 수 있었다. 반달칼, 활, 손도끼로 무장을 하고 조랑말에 말린 고기와 말 젖을 담은 가죽 부대 하나만 있으면 며칠 동안 말에서 내리지 않고도 활동할 수 있었다.

이에 비해 농경사회의 정착민들은 싸우는 병사보다 보급부대원이 더 많을 정도였다. 개인 무장에서도 몽골 병사들의 무장은 7kg밖에 되지 않았으나 정착민의 군대는 70kg이 기본 무장이었다.

싸움의 이론에 의하면 기동력이 2배면 전투력은 4배로 증가한다. 자승의 법칙이 적용되기 때문이다. 이랬을 때 몽골 병사들의 기동력은 적어도 10배 이상이 되었던 것이다. 이것이 역사상 큰 제국을 건설할 수 있는 원동력이었다.

그러나 왕국을 세우고 귀족이 된 몽골의 유목민들은 정착생활의 달콤한 맛에 빠져 들었다. 성안에는 기름진 음식과 비단과 금은보화와 미녀들로 가득했다. 그러는 사이 유목민의 정체성을 잃어버린 것이다.

프랑스 석학 자크 알탈리 역시 자신의 명저 《호모 노마드》에서 역사의 진보를 변방을 떠돌던 유목민들의 에너지에서 찾고 있다. 노마드는 유목민을 가리키는 단어이다. 이들은 가혹한 환경과 싸워야 했고 양떼를 습격하는 이리떼와도 싸워야 했다. 이들이 문명사회와 충돌할 때 역사를 바꾸었다는 것이다.

• • •

《문명의 충돌》을 쓴 새무엘 헌팅턴도 이질적인 두 개의 문명권이 충돌할 때 가장 강력한 에너지가 분출된다고 적고 있다. 이질적인 문명의 충돌은 그만큼 격렬하다는 의미일 것이다. 세계에는 크게 기독교문명권과 이슬람문명권 그리고 동아시아의 유교문명권이 있다. 21세기는 이들 문명권 간의 충돌하는 시대가 될 것이라는 예측이었다.

14세기에 접어들자 원나라는 제위 상속을 둘러싸고 황실 내부의 다툼이 일어나 통치능력이 크게 저하되어 있었다. 토곤 테무르가 원나라 마지막 황제의 자리에 올랐지만 내분으로 그가 할 수 있는 일은 그리 많지 않았다. 결국 그는 티베트 불교인 라마교에 심취하고 후궁들의 치마폭에 몸을 맡겼다.

권력을 장악한 권신 바얀은 한족들을 아주 싫어했던 인물이었다. 그는 한족들이 벼슬길에 오르는 것을 막기 위해 과거제도를 폐지하고 사소한 일로도 한족들을 심하게 탄압했다. 한족들이 특정 색의

옷을 입거나 특정 글자를 사용하는 것도 금지시켰다. 심지어는 이름을 잘못 지었다는 이유로 대량 학살까지 감행했다.

한족들로서는 국가 재정의 80%를 담당하면서도 심한 차별을 받았으니 불만이 고조될 수밖에 없었다. 거기에다가 천재지변과 이로 인한 흉년과 함께 전염병이 이어지면서 민심이 흉흉해졌다.

여기서 백련교도가 1351년에 홍건적의 난을 일으키자 반란은 순식간에 퍼져나갔다. 홍건군의 하급 장수였던 가난한 농부 출신 주원장은 남경을 근거지로 하여 장강유역을 통일하는 데 성공하여 1368년 명나라를 건국하였다.

주원장은 나라를 건국하자마자 군대를 이끌고 북경으로 향했다. 주원장의 반란군이 수도 베이징으로 진격해 들어오자 황제 토곤 테무르는 고비사막 북쪽에 있는 북막으로 도망치면서 원나라는 역사 속으로 사라졌다. 중국의 한족으로서는 잇따라 거란과 몽골에 나라를 빼앗기고 430년 만에 북경을 되찾았다.

몽골의 수도 울란바토르 부근에는 몽골 유목민의 일파인 돌궐족의 재상이자 장군이었던 돈유쿠크의 무덤이 있다. 유럽의 역사책에서는 투르크족이라고 부른다. 그 투르크가 '터키'가 된 것이다. 그 묘비에는 다음과 같은 묘비명이 적혀 있다.

"성을 쌓는 자는 망할 것이며 끊임없이 이동하는 자만이 살아남을 것이다."

마지노선은 프랑스-독일 국경선을 따라 구축한 방어벽이다. 1차 세계대전에서 독일군에 의해 큰 피해를 입었던 프랑스는 독일의 침공을 막아 낼 수 있는 든든한 요새가 필요했다. 당시 국방장관이었던 마지노는 독일과의 국경을 맞대는 지역에 견고한 요새를 구축하자고 건의했다. 그래서 구축한 것이 마지노선이었다. 무려 10년 동안 쌓은 길이 750km의 요새였다.

마지노선은 두터운 콘크리트 벽으로 구축되었으며 구간마다 대포를 설치했다. 완전한 지하설비와 대전차 방어시설을 구비한 초근대적 요새로 주둔군의 주거지역엔 냉난방시설과 오락시설 등이 완비되었을 뿐 아니라 방어선을 연결하는 지하철까지 연결되어 있을 정도였다. 마지노선이 완성되자 프랑스군은 심리적으로 무장해제 상태가 되었다. 독일군의 탱크가 절대로 넘을 수 없다는 자신감이 넘쳐 있었다. 자신감이 지나쳤기에 2차 세계대전의 전운이 감돌았지만 프랑스는 군인들을 휴가까지 보낼 정도로 여유를 부렸다.

그러나 막상 2차 세계대전이 벌어지자 독일군은 벨기에를 돌아서 프랑스로 진입하여 마지노선 뒤에서 프랑스군의 뒤통수를 겨누는 꼴이 되고 말았다. 프랑스는 총 한 방 제대로 쏘지 못하고 함락당하고 말았다. 결국 마지노선이 프랑스군을 심리적으로 무장해제를 시킨 것이다. 그리하여 마지노선은 역사상 가장 낭비적인 방어벽으로 기록되었다.

우리의 역사를 보자. 고구려는 옛 고조선 땅을 터전으로 일어선 국가로 처음의 수도는 졸본성이었다. 그러나 위나라가 침입해 오자 유리왕은 졸본성에서 국내성으로 수도를 옮겼다. 북방 경계선에서 부터 거리가 멀어 보다 안전하게 방어할 수 있는 곳을 택한 것이었 다. 이에 태자 해명이 끝까지 반대하자 유리왕은 태자에게 자결 명 령을 내리면서까지 천도를 강행했다. 곧 심리적인 무장해제였다.

그후 장수왕은 다시 평양성으로 수도를 옮겼다. 역시 북방으로부 터 멀고 보다 따뜻하고 안전한 대동 강변의 평양을 택한 것이었다. 이것으로 고구려는 북방의 험준한 환경으로부터 얻은 기개와 야성 을 잃어버리고 안주하기 시작했다. 그렇게 안주하는 사이 내우외환 이 겹치면서 몰락하고 말았다.

수도를 세 번 옮기기는 백제도 마찬가지였다. 위례성에서 고구려 의 침입을 받아 개로왕이 사망하자 웅진성으로, 다시 사비성으로 옮겨갔다. 수도를 옮길 때마다 백제의 국력은 쇠약해졌다. 여기에 민심이 이반되고 내분이 일어나면서 백제는 몰락의 길로 들어섰다.

: 육지에서 바다로 '패러다임의 전환' :

지구가 둥글다는 생각을 처음으로 가지고 있었던 사람은 아마도 아리스토텔레스였던 것으로 보인다. 그는 월식이 일어나는 동안 달에 비친 그림자가 둥근 형태로 나타나는 것을 보고서 그것이 지구의 그림자라고 추측했다. 그러나 이것을 과학적으로 입증하지는 못했다.

중세에 접어들어 이탈리아의 수학자 토스카넬리가 지구가 둥근 구형이며 모든 땅이 바다로 둘러싸여 있다고 주장하면서 지구 표면의 지도를 완성했다. 토스카넬리는 헬리 혜성의 궤도를 계산해낸 천문학자이기도 하다.

콜럼버스는 마르코 폴로의 동방견문록과 천문학 관련 자료들을 읽으면서 서쪽으로 계속 항해하면 동양에 닿을 수 있으리라는 확신을 가지고 있었다. 그러던 차에 토스카넬리의 지도를 입수할 수 있었다. 콜럼버스는 지도를 들고 포르투갈 궁정을 방문하여 항해에 필요한 지원을 요청했다.

당시의 포르투갈과 스페인은 유럽에서 가장 먼저 민족국가를 이룩한 해양세력이었다. 포르투갈은 육지의 한쪽은 프랑스와 맞대고 다른 3면은 바다를 향하고 있던 유럽 대륙 서남단 이베리아 반도에 위치한 작은 나라였다. 나라의 장래가 바다에 있다고 믿었던 포르투갈은 일찍부터 바다로 눈을 돌렸다.

콜럼버스가 지원을 요청할 당시 포르투갈은 대서양 서쪽이 아닌 동쪽으로 희망봉을 돌아 동양으로 가는 동쪽 항로를 준비하던 중이어서 콜럼버스를 지원할 여력이 없었다. 결국 콜럼버스는 스페인을 찾아 갔다.

이웃한 스페인도 거의 동시적으로 바다로 눈을 돌리고 있을 때였다. 1498년 포르투갈의 바스코 다가마의 함대가 대서양을 출발하여 아프리카 희망봉을 돌아 인도에 이르는 항로를 개척하자 스페인의 엘리자베스 여왕은 콜럼버스를 지원하여 아메리카 대륙을 발견했다.

이어서 스페인의 마젤란 함대는 남아메리카에서 동남아시아, 인도를 거쳐 유럽으로 돌아가는 세계일주 뱃길을 개척했다. 콜럼버스가 불과 33일의 항해 끝에 아메리카에 닿았다면 마젤란은 3년에 걸친 항해로 세계를 일주했다. 물론 그는 세계일주의 마지막을 보지는 못했다. 필리핀 맥탄에서 원주민들과 교전 중 전사했기 때문이다. 265명의 선원 중 살아서 돌아온 사람은 고작 18명뿐이었다.

● ● ●

고대 로마는 사통팔달의 도로망으로 제국을 건설했지만 근대에 들어서는 바다의 항로를 개척한 포르투갈, 스페인 등이 제국을 이루었다. 육지에서 바다로의 패러다임 변화였다.

세계 최강의 해양세력이 된 두 나라는 식민지 쟁탈전에 뛰어들었다. 이웃한 두 나라 간의 식민지 쟁탈전이 치열해지자 이들은 식민지를 나누어 갖자는 리스본 조약을 맺었다. 그리하여 포르투갈은 브라질, 마카오, 동티모르, 아프리카 여러 나라들을 차지했고 스페인은 중남미의 아르헨티나, 칠레, 페루, 에콰도르, 콜롬비아, 베네수엘라, 볼리비아, 파나마, 쿠바, 코스타리카, 온두라스, 엘살바도르, 과테말라, 도미니카, 멕시코를 차지했다. 거의 세계를 양분하는 거대한 제국으로 등장한 것이다.

역사상 모든 절대 권력은 황금을 사랑했다. 성경의 기록에 따르면 솔로몬 왕은 길이 41m, 너비 10m, 높이 15m의 성전을 세우고 그 안을 모두 황금으로 장식했고, 금으로 만든 방패와 금으로 만든 술잔에 포도주를 마셨다.

이집트의 파라오 역시 황금으로 치장을 했고 죽어서도 황금가면을 쓰고 무덤으로 갔다. 비잔틴제국의 유스타아누스 황제는 13만kg의 황금으로 성 소피아 성당을 지었다.

스페인, 포르투갈이 대항해시대를 열었던 것도 사실은 황금을 차지하기 위한 것이었다. 콜럼버스가 신대륙을 찾아 나섰던 이유도 사실은 마르코 폴로가 여행기에서 쓴 '황금으로 뒤덮인 땅'을 찾아 나선 것이었다.

스페인은 불과 200명의 군대를 이끌고 들어가 잉카제국을 무너뜨렸다. 난생 처음 보는 말과 총을 보고 잉카인들은 싸울 엄두도 내지 못했다. 잉카제국의 황제 아타후알파는 스페인 군대가 황금을 탐낸다는 것을 눈치 채고 이들에게 방을 가득 채울 만큼의 황금을 내주었지만 스페인 군대는 황금만 빼앗고는 황제를 교수형에 처해 버렸다.

그러나 그렇게 들여온 황금은 오히려 스페인과 포르투갈을 몰락시킨 독이 되었다. 신대륙에서 돌아오는 배마다 황금으로 가득했던 것이다. 콜럼버스가 신대륙을 발견한 이래로 1700년까지 세계의 귀금속 총량은 5배로 증가했다.

당시의 화폐제도는 금본위제였기에 이렇게 들여온 황금은 모두 그대로 화폐가 되어 극심한 인플레이션을 일으켰다. 이로 인해 스페인뿐 아니라 유럽 전체의 물가가 4배나 올랐다. 스페인과 포르투갈은 해외에서 들여오는 황금을 주체할 수 없을 정도가 되었다. 그러자 국민들은 날마나 파티에만 열중했다. 그러는 동안에 국내 산업은 완전히 붕괴되어 버렸다.

그러는 사이에 신대륙의 광산붐이 시들해지자 정부의 재정이 빠르게 악화되었다. 눈덩이처럼 불어나는 재정적자를 감당할 수 없었던 스페인 정부는 파산을 선언하고서 신대륙에서 들여오는 은으로 겨우 이자를 지불할 수 있었다. 1660년에는 정부 수입의 70%가 이자로 지불되었다. 그러던 중 스페인이 자랑하던 무적함대마저 영국 해군에게 패하자 스페인의 영광도 함께 사라졌다.

• • •

네덜란드는 재미있는 나라다. 면적이라야 우리나라(남한) 면적보다 좁은 나라, 북경 시의 2배 남짓하다. 그런 나라가 세계 최초의 공동출자 회사인 동인도회사를 만들어 아시아와 유럽의 중계무역을 통해 당시 세계 무역의 절반을 차지했다. 수도 암스테르담에는 세계 최초의 현대식 은행과 증권거래소를 만들어 유럽 최고의 금융시스템을 구축했다. 이를 바탕으로 17세기의 네덜란드는 유럽 최고의 부를 축적할 수 있었다.

작은 나라 네덜란드가 이처럼 성공을 거둘 수 있었던 것은 해양국가로서의 지리적 이점이 있었고 상술이 뛰어난 데다가 정교한 금융 기법을 개발한 것이 주효했다.

국가의 몰락 패턴을 보면 실물 경제의 바탕 없이 금융에 의존하는 나라는 단 한 번의 위기로 몰락하는 경우가 대부분이다. 네덜란드의 금융산업은 나중에는 튤립 열풍으로까지 이어졌다가 튤립 열풍이 가라앉으면서 몰락의 길로 접어들었다. 과거의 영국이나 지금의 미국과 아주 흡사한 점이 많다.

영국이 세계 무대에 모습을 들어낸 것은 16세기 말 스페인의 무적함대를 물리치고 새로운 해양세력으로 떠오르는 시기였다. 그후 17세기에는 뉴턴이 나타나 과학사상의 씨앗을 뿌렸고 그 결실이 18세기의 산업혁명으로 나타났으며 영국은 세계의 공장으로 떠올랐다.

산업혁명을 계기로 영국에서 자본주의가 처음으로 모습을 들러냈다. 마침 애덤 스미스가 나타나 자본주의의 이론적 근거를 제시하여 영국은 세계의 공장으로, 제국으로 떠오를 수 있었던 것이다.

과학의 발달로 화학, 전기, 공작기계와 교량이나 터널의 건설 등 산업 분야 전체를 통해서 영국의 영향력은 엄청났다. 19세기 후반에 이르러서는 바다를 항해하는 선박 세 척 중 한 척은 영국 국적일 정도였다. 결국 해양세력들 간의 싸움에서 최종 승자는 영국이었다.

19세기 중엽, 영국의 번영은 세계 역사에도 전례가 없을 정도로 화려했다. 당시 대영제국의 영토는 지구의 $\frac{1}{4}$을 아울렀고 경제력으로는 세계 면직물과 철의 절반을 생산했고 석탄의 70%를 생산했다.

당시 영국의 대외 교역량은 프랑스, 독일, 이탈리아를 합친 것보다 많았으며 미국 전체 교역량의 4배나 되었다.

국력의 신장과 비례하여 늘어나는 것이 식민지였다. 오랜 시간에 걸친 식민지 확보이긴 했지만 영국의 식민지들은 세계를 에워쌌다. 미국, 캐나다, 인도, 파키스탄, 오스트레일리아, 홍콩, 싱가포르, 미얀마, 스리랑카, 이집트 등을 식민지로 확보하여 안정적인 상품 시장으로 만들었다. 이때의 영국은 해가 지지 않는 나라였다.

그러나 그렇게 확보한 식민지들이 오히려 독이 된 감도 없지 않다. 그처럼 많은 식민지를 확보하고 유지하고 관리하기 위해서는 엄청난 군비를 지출해야 했다. 보통 군사비는 상품교역에서 숨어 있는 비용이 된다.

예를 들면 식민지와의 상품교역에서 1억 파운드의 이익을 냈다면 식민지를 유지, 관리하기 위해 쓰는 군사비는 그보다 훨씬 더 많을 수 있다는 이야기다. 그러나 장부상으로는 모두가 남는 장사로 기록된다. 또 몇몇 식민지들은 그곳에서 얻는 수익보다 유지비용이 훨씬 더 많이 드는 경우도 있었다. 식민지 곳곳에서 일어나는 독립투쟁도 큰 부담이었다.

그럴 즈음 1차 세계대전이 발발했다. 이 전쟁에서 영국은 비록 승전국이 되기는 했지만 큰 대가를 치러야 했다. 인적 손실만 보면 4년 남짓한 전쟁기간 중에 75만 명의 병사가 죽었고, 거의 200만 명이 부상당했다. 옥스퍼드, 캠브리지 대학 재학생의 20%가 전쟁 중에 목숨을 잃었으며 영국 귀족 엘리트의 20%가 목숨을 잃었다. 이들은 말하자면 노블레스 오블리주 정신으로 무장한 미래 영국의 지도자들이었다.

1차 세계대전 기간 동안에 영국은 미국의 최대 채무국으로 전락했다. 그러나 숨 돌릴 여유도 없이 1930년대의 대공황이 엄습하자 영국 경제는 더욱 나락으로 떨어졌다. 이어서 다시 2차 세계대전이 발발했다. 영국은 미국의 도움으로 간신이 승전국이 되었으나 나라는 이제 만신창이가 되어 있었다. 전쟁 중 영국은 1,800만 톤의 선박을 상실했으며 미국에 80억 파운드, 영연방에 30억 파운드의 빚을 얻었다. 국가 채무는 모두 250억 파운드를 넘었다.

그런 처지였지만 영국은 제국의 미련을 버리지 못해 세계 곳곳에 여전히 군대를 주둔시켰다. 중동의 원유와 해외의 공군기지를 쉽게 포기할 수 없었던 것이다. 그러나 그 돈은 고스란히 다시 빚이 되었다.

이렇게 영국의 국력이 약해지는 틈을 타서 해외의 식민지들은 하나둘 독립을 선언하기에 이르렀고, 영국은 이들과 독립전쟁을 벌이느라 다시 국력을 소진했다. 그리하여 2차 세계대전 이후 영국은 미국의 후원 없이는 자립도 할 수 없는 나라가 되었다.

그러는 사이 영국 파운드화의 가치는 떨어질 대로 떨어져 마침내 국제 통화의 위상을 미국 달러에 넘겨 주어야 했다. 금융의 중심은 미국으로 옮겨 갔고 미국이 다시 세계의 패권국가로 군림하게 되었다.

정리하자면 5대양의 해상권을 차지하고 산업혁명을 통해 세계의 공장으로 떠오른 영국이었지만 지구촌 곳곳에 식민지를 건설하고 이를 관리하기 위해 강력한 군사력을 유지하지 않을 수 없었다. 그러다가 1, 2차 세계대전을 통해 과도한 출혈을 한 것이 패인이 되었다. 결국 해가 지지 않던 나라 대영제국이 1956, 1976년 두 차례에 걸쳐 IMF 구제금융을 받는 치욕을 겪어야 했다.

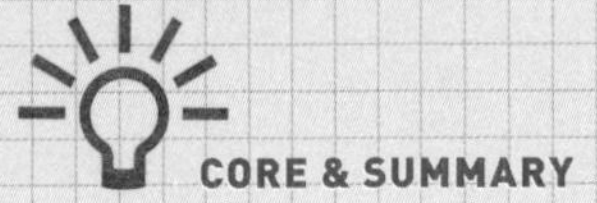

자본주의와 민주주의의 한계

자본주의는 참 아이러니컬하다. 지금 지구촌 인구 70억 명 중 10억 명 이상이 절대빈곤 상태에서 죽어가고 있다. 그런 와중에서도 세계 곡물시장의 80%를 장악하고 있는 4대 곡물 메이저들은 매년 수십만 톤의 곡물을 그냥 바다에 버리고 있다. 곡물가격이 폭락하는 것을 막기 위해서다.

그것을 아프리카 빈민들에게 나누어주면 얼마나 좋을까? 그러나 그렇게 할 수 없는 것이 자본주의라는 것이다. 이것이 아이러니다.

지구상에 나타났던 사상과 철학 중에서 '탐욕'을 선한 것으로 보는 유일한 이론이 자본주의다. 자본주의의 출발점은 경제를 개개인의 탐욕에 맡겨 두면 수요와 공급이 보이지 않는 손에 의해 조화를 이루며 경제는 계속 발전하리라는 가정이었다.

그러나 기대와는 달리 자본주의는 주기적으로 심각한 위기를 겪어야 했으며 소득의 분배는 부익부빈익빈으로 흘러 중산층이 사라지고 빈부격차는 더욱 늘어났다.

여기서 그리스 철학자 아리스토텔레스가 정치론에서 강조했던 중산층의 중요성을 보자.

그는 이렇게 적고 있다.

"중산층이 사라지면 사회는 증오와 충돌이 난무하는 혼란에 빠지게 된다."

지금 지구촌의 일부 국가를 제외하고는 대부분 빈부격차가 심각한 수준으로 벌어지고 있다. 기본적으로 자본주의는 승자독식의 구조이기 때문이다.

소득불평등의 정도를 나타내는 지수, 지니계수가 0.4를 넘으면 사회가 불안해지고, 0.5를 넘으면 심각할 정도로 위험하며, 0.6이 넘으면 언제든 혁명이 일어날 수 있다. 지금 미국의 지니계수는 0.5에 육박하고 있다. 월가에서 일어나고 있는 젊은이들의 시위도 자본주의의 승자독식 구조를 타파하자는 외침인 것이다.

1990년대 동구 공산권이 붕괴되면서 자본주의는 완벽한 승리를 거두었다며 축가를 불렀지만 불과 20년 만에 자본주의에 대해 근본적인 의문이 제기되고 있는 것이다. 자본주의의 위기를 알리는 신호들이다.

그러자 세계 곳곳에서 마르크스를 다시 읽자는 바람이 불고 있다. 그렇다고 공산주의가 옳다는 것도 아니다. 공산주의는 생산성 부족으로 무너졌지만 마르크스가 부르짖었던 '인간회복'의 문제는 인류의 영원한 과제인 것이다.

인간적인 냄새가 나는 따뜻한 자본주의, 그것이 자본주의 4.0이다.

자본주의는 개인의 자유를 전제로 한다는 점에서 민주주의와 일맥상통한다. 지금 그 민주주의도 자본주의와 함께 위기를 맞고 있다. 민주주의의 요체는 국민들이 자신들의 지도자를 뽑는 것이다. 정치인들은 일단 정권을 잡기 위해서는 국민들에게 온갖 달콤한 약속을 할 수밖에 없다.

역사상 가장 먼저 민주정을 이룩했던 그리스는 시민들의 끊임없는 요구를 들어주느라 국가 재정이 급속도록 악화되면서 마케도니아에 나라를 내주고 말았다. 수천 년 전의 그리스와 지금 국가부도 위기를 맞고 있는 그리스가 어쩌면 그리도 닮았는지 신기하기만 하다. 결국 민주주의는 언제든 포퓰리즘을 내거는 선동가에게 정권을 넘겨줄 가능성을 열어 두고 있다. 그리스는 정치인들의 무상복지 공약으로 나라가 거덜이 난 사례이다.

그리스에는 해운과 관광 외에는 변변한 산업도 없다. 그러나 그리스의 복지는 모든 대학이 공짜다. 그러나 그리스 최고의 명문인 아테네 대학을 나와도 일자리가 없다. 청년층 절반 가까이가 실업자들이다. 청년실업을 다소라도 줄이기 위해 과다하게 공무원 숫자를 늘렸다. 그리스 정부 예산의 절반 이상이 공무원 급여로 나가고 있다. 지금 그리스는 공무원들이 시위에 앞장서고 있다. 공무원 숫자를 줄이고 복지혜택을 축소하려는 정부의 움직임에 반기를 든 것이다.

영국, 네덜란드, 스페인, 그리스, 이탈리아 등의 유럽 국가들과 라틴 아메리카 여러 나라들이 모두 포퓰리즘으로 몰락한 사례들이다. 그리고 작금의 대한민국도 여기서 예외가 아니다. 2012년의 선거를 앞두고 정당들이 다투어 선심공약을 내걸고 있는 것을 보면 그 빚을 짊어지고 가야 할 다음 세대가 안쓰럽기만 하다.

포퓰리즘은 브레이크 없는 자동차와 같아서 일단 달리기 시작하면 멈출 수 없다.

　지금 자본주의와 함께 민주주의도 심각한 위기에 처해 있다. 이 위기를 극복하지 못하면 파쇼와 같은 극단적인 세력들이 등장하는 것이 역사의 교훈이었다. 진정으로 가슴을 열고 나라를 위하는 길을 찾아야 할 때이다.

part 4

자본주의와
민주주의의 한계

한 나라가 절대빈곤 사회에서 경제 성장을 이룰 때 대략 세 번의 함정을 만난다. 임금상승, 사회적인 요구의 증대, 소득불평등이다.

첫째, 경제성장 초기에는 농촌의 값싼 노동력을 충분히 확보할 수 있고 이것이 가격 경쟁력으로 이어진다. 그러나 경제가 이륙할 단계에 이르면 더 이상 값싼 노동력을 구하기가 어려워지고 가파른 임금상승의 압력을 받게 된다. 이 단계가 루이스 전환점으로 노벨 경제학상을 수상한 아서 루이스가 제시한 개념이다. 이 시점은 대략 국민소득 3천~1만 달러 사이에서 기다리고 있으며 우리나라는 1976년경에, 중국은 지금 막 루이스 함정을 앞두고 있다.

둘째, 사회적인 요구의 증대이다. 농촌에서 도시로 몰려든 근로자들을 위해 주택, 교육, 건강보험 등의 사회적 요구가 빠르게 늘어나면서 사회적 갈등 역시 빠르게 증가한다. 여기서 사회적 갈등을 제대로 치유하지 못하면 이전의 상태로 돌아가게 된다. 여기서 많은 국가들이 좌절한다.

셋째, 소득불평등의 함정이 기다리고 있다. 일단 루이스 함정을 벗어나면 큰 부를 축적한 상위 계층과 전문직, 자영업 등으로 부를 축적한 중산층과 다수의 하위계층으로 사회 구조가 재편된다. 여기서 두터운 중산층이 형성되지 못하면 소수의 상위계층과 절대다수의 하위계층으로 사회가 양분된다.

여기서 중산층의 중요성이 대두된다. 사회가 상하 두 계층만 구성되어 있으면 여기에는 대립밖에 없다. 하층은 아무리 노력해도 상위층에 합류할 수 없기 때문에 갈등이 증폭되는 구조라는 것이다. 여기에 중산층의 완충 역할이 중요하다.

: 탐욕이 선이 되는 '자본주의의 문제' :

아리스토텔레스는 《정치론》에서 사회에서 중산층이 무너지면 그 사회는 충돌과 증오가 난무하면서 위기를 맞는다고 지적하고 있다. 빈부격차는 고대 로마의 몰락에도 일조를 했다. 점령지에서 실어오는 값싼 농산물로 로마의 자영농민들이 거의 몰락하면서 로마는 부유한 귀족과 가난한 서민들로 양분되면서 빈부격차는 심각한 양극화 형태로 변했다. 사회를 떠받치던 튼튼한 중산층이 모두 몰락했기 때문이었다.

소득불평등을 나타내는 지니계수가 '0'이면 완전 평등, '1'이면 완전 불평등이 된다. 완전 평등이라고 해서 구성원 모두가 동일하게 몫을 나누어 가지는 것이 아니라 하위 10%의 구성원이 전체 부의 10%를 가지고 하위 50%의 구성원이 전체 부의 50%를 가지는 경우를 말한다. 1차 방정식 그래프에서 기울기가 45°로 우상향하는 직선이 지니계수 '0'인 경우이다. 지니계수 '1'은 한 사람이 나라의 부를 모두 차지하는 경우를 가리킨다.

보통 지니계수가 0.4를 넘으면 사회 불안의 요인이 되고, 0.5를 넘으면 상당히 심각한 수준이며, 0.6을 넘으면 언제든 혁명이 일어날 수 있는 상태라고 한다. 우리나라의 지니계수는 0.315로 다소 높은 편이며, 미국은 지니계수가 0.47로 조금 심각한 상태, 빠른 경제성장을 하고 있는 중국이 0.5를 넘은 것으로 추정된다. 2006년에 발표한 중국의 지니계수는 0.46이었으나 그 이후에는 발표를 하지 않고 있다.

2012년 3월에 있었던 중국 원자바오 총리의 발언은 의미심장하다. 그는 이렇게 말했다.

"경제가 발전함에 따라 분배불평등, 신뢰 결여, 탐관들의 부패가 만연하고 있다. 이를 개혁하지 못하면 문화대혁명과 같은 비극이 다시 일어날 수 있다."

중국의 심각한 소득불평등을 정치적으로 해결하지 못하면 위기가 올 수 있다는 경고였다.

지금 월가에서 일어나고 있는 미국 젊은이들의 시위도 이런 불안을 반영하는 것이다. 미국은 제조업이 몰락하고 금융업 위주로 산업이 개편되면서 가진 자가 더욱 더 많이 가지게 되는 승자독식의 구조로 정착되었다. 1987년에 상영된 영화 〈월 스트리트〉에서 기업 사냥꾼 애서 엘더만은 이렇게 외치고 있다.

"Greedy is Good!"

곧 탐욕은 선이라는 의미이다. 금융업의 본질이 무제한의 탐욕이라는 것이다.

한 조사에 따르면 지난 30년 동안 미국 최고경영자들의 소득은 10배나 올랐지만 근로자들의 소득은 9%밖에 오르지 않았다고 한다. 이것이 소득격차를 다시 확대한 것이다. 미국 인구통계국에 의하면 미국인들의 15.1%가 최저생계비에 이르지 못하는 빈곤층이다.

지니계수 0.5를 넘은 것으로 추정되는 중국은 루이스 함정과 소득불평등의 함정을 동시에 극복해야 하는 어려운 과제에 봉착하고 있다. 이를 슬기롭게 해결하지 못한다면 중국의 경제는 다시 후퇴할 수밖에 없을 거라는 전문가들의 진단이다.

지니계수 0.6을 넘었던 경우는 1990년대 라틴 아메리카 여러 국가들과 아프리카의 독재국가들이었다. 재스민 혁명으로 쫓겨난 튀니지의 벤 알리, 이집트의 무바라크, 리비아의 카다피, 예멘의 알리 압둘라 살레 대통령 등이 쫓겨나거나 비참한 최후를 맞았던 것도 소득불평등이 그 원인이었다.

자본주의는 경제 이론상 부채를 선호할 수밖에 없는 구조이다. 회계원론에 의하면 자본주의 사회에서 부채는 곧 자산이 된다. 부채가 왜 자산이 되는지 살펴보자.

10%의 이익을 남길 수 있는 투자처가 있다. 거기에 자신의 돈 100을 투자하면 10의 이익을 남길 수 있다고 하자. 그러나 여기서 남의 돈 100을 더 빌려서 투자를 한 다음 빌린 돈을 갚으면 20이 남게 된다(물론 빌린 돈의 이자를 감안하면 20 조금 못되는 이익이 남는다). 그래서 자본주의는 본질적으로 부채를 선호하는 구조라는 것이다.

그러다가 그것이 잘못되면 나와 내가 공멸하는 구조가 자본주의다. 지금 월가에서 벌어지고 있는 숫자놀음이 공멸로 이어지는 지름길일 수 있다는 것이다. 오스트리아의 경제학자 슘페터는 자본주의의 한계를 이렇게 설명한다.

"자본주의는 성공 그 자체가 자본주의를 보호해주는 사회제도를 침식하면서 불가피하게 스스로 더 이상 존재할 수 없게 만든다."

· · ·

자본주의는 상업자본주의, 산업자본주의, 금융자본주의로 이행하는 과정을 밟는다. 처음 상업과 무역으로 자본을 축적하여 그 돈으로 공장을 짓고 노동자를 고용하여 대량생산 체제인 산업자본주의로 옮겨간다. 그러다가 후발 국가들이 뒤따르고 경쟁이 치열해지면 좀 더 수익성이 좋은 금융산업으로 옮겨가는 패턴이다.

금융산업이야 말로 투자처만 잘 고르면 큰 수익을 올릴 수 있는 가장 편한 장사이기 때문이다. 그러나 마땅한 투자처가 없으면 가공의 상품까지 만들어 투기붐을 조성하는 것이 금융자본주의다. 17세기의 네덜란드가 그러했으며 19세기의 영국이 그러했고 지금의 미국이 그러하다.

17세기의 네덜란드는 강력한 해군력으로 대서양과 인도양을 잇는 해상 교역로를 장악했다. 그 힘으로 무역을 독점하고 동인도회사와 증권거래소 등을 통해 유럽의 금융을 암스테르담으로 집중시켜 큰 부를 축적했다.

부를 축적한 상류계층은 교외에 넓은 저택을 짓고 아름다운 정원을 꾸미기 시작했다. 당시 아름다운 정원에 빠질 수 없는 것이 튤립이었다. 얼마나 특이하고 아름다운 튤립을 정원에 심고 있느냐 하는 것이 부와 성공을 가름하는 척도로 여겨질 정도였다.

튤립이 투자의 대상이 된 것은 터키에 근무하던 네덜란드 대사가 네덜란드 최고의 식물학자에게 희귀한 튤립을 선물한 것이 발단이 되었다. 그 튤립을 선물받은 학자는 튤립의 아름다움에 찬사를 보냈고 그것을 계기로 상류층들이 다투어 튤립을 구입하기 시작했다. 구근이 모자라자 나중에는 아직 피어나지 않은 튤립의 구근에까지 투자를 하기 시작했다.

이것이 계기가 되어 네덜란드 전역은 튤립의 투기장이 되어 갔다. 마침내 튤립은 네덜란드 증권시장에도 상장되었다. 튤립 구근이 증권시장에 상장되는 사상 초유의 사태였다.

튤립 중에서도 특정 바이러스에 감염된 튤립은 특히 아름다운 색상을 띈다고 한다. 그러자 너도나도 희귀한 튤립 구근을 확보하기 위해 혈안이 되었고 증권시장은 점점 더 가열되었다. 투기 열풍이 한창 진행되는 동안에는 구근 하나의 가격이 금보다 비싸고 자동차는 물론 웬만한 집 한 채 가격이 될 정도였다. 그러자 서민들도 전 재산을 털어 튤립 투기에 나섰다.

나중에는 현물이 부족해지자 튤립을 살 수 있는 권리를 사고파는 행위까지 벌어졌다. 요즘의 용어로 보면 옵션거래에 해당된다. 미래의 특정 시점에 튤립 구근을 살 수 있는 권리를 가리킨다.

이 튤립 열풍은 1634년부터 1637년까지 3년 동안 이어지다가 1637년 2월에 접어들자 언제 그랬느냐는 듯 하루아침에 사그라지고 말았다. 튤립 가격이 $\frac{1}{100} \sim \frac{1}{1000}$ 로 폭락한 것이다. 그것으로 네덜란드 경제는 단번에 깊은 불황의 늪으로 빠져들었고 서민들은 모두 빈털터리가 되었다. 튤립은 자체로서는 본질적인 가치가 없는 거품이었다. 인간의 탐욕이 빚은 광풍이다. 그런 아픔이 있었지만 그 덕분에 네덜란드는 오늘날 세계 최고의 화훼의 나라가 되었다.

영국을 보자. 19세기의 영국은 해외 식민지, 특히 인도를 통해서 막대한 자본을 축적하여 세계의 공장으로 떠올랐다. 그러자 후발 국가들도 영국을 뒤따라 산업화를 서둘렀다. 영국은 점차 이익이 줄어드는 산업분야 대신 금융산업으로 눈을 돌렸다. 풍부한 자금으로 미국을 비롯한 해외 자산에도 투자를 하고 허구적인 상품도 만들어냈다. 이때에 만들어진 상품들이 노동, 화폐, 신용 등이었다. 요즘에는 날씨도 상품이 된다. 비가 와도 돈을 벌고 눈이 와도 돈을 번다. 이것이 가상의 상품이다.

그 당시 '엔그래프트먼트engraftment'라는 금융 기법이 영국을 한바탕 뒤흔드는 사기 사건이 일어났다. 당시 스페인과 무역을 중개하던 한 회사에서 주식을 발행하면서 새로운 금융 기법 하나를 개발했다. 발행주식을 국채와 바꾸어준다는 특이한 제도였다. 미국 월가에서 복잡한 수학공식을 동원하여 만들어내는 파생상품과 비슷한 방법이었다. 이를 풀어서 설명하자면 회사가 망해도 국채수익률은 보장된다는 말이었다.

이 말에 개미투자자들이 몰려들어 주가는 폭등했다. 9년 동안 주당 100파운드 대에 머물던 주가는 890파운드까지 치솟았다. 금광을 발견했다는 정보까지 나돌면서 주가는 1,000파운드를 돌파했다. 하지만 정보가 루머로 드러나자 거품은 꺼졌다. 투자가들은 모두 쪽박을 찼다.

그런 광풍이 불면 무지한 서민들만 당하는 게 아니다. 인류 역사상 가장 위대한 천재 중의 하나로 기록되고 있는 뉴턴도 끼어 있었다. 큰돈을 잃고 나서 뉴턴은 이렇게 한탄했다.

"천체의 운행까지도 계산해낼 수 있지만 인간의 광기는 도저히 알 수가 없구나!"

미국은 200년이 조금 넘는 역사의 나라로 1, 2차 세계대전을 겪으면서 세계의 공장으로 떠올라 50년대와 60년대에 산업자본주의의 절정에 이르러 자본주의 종주국이 되었다.

그러다가 70년대 후반부터 미국의 제조업은 서서히 독일, 일본, 신흥개발국들에게 밀리다가 80년대에 접어들어서는 제조업이 거의 공동화되고 유통, 서비스, 금융업으로 무게중심이 옮겨 갔다.

지금 미국의 제조업이 GDP에서 차지하는 비중은 11.5%지만 군수산업을 제외하면 이보다 훨씬 더 낮은 수준이다. 반면 금융업의 비중은 20%를 넘는다. 만약 금융업이 흔들리면 미국 전체가 흔들린다는 이야기가 된다.

금융업이란 무엇인가? 돈을 빌려 주고 이자를 받는 대금업이다. 돈을 빌려 주지 않으면 수익이 나지 않는 업종이다. 경기가 좋고 제조업이 활성화되어 있을 때는 전망이 좋은 건전한 기업에 투자하여 기업도 살리고 적절한 수익도 올릴 수 있지만 경기가 위축되면 안심하고 빌려 줄 곳이 마땅찮게 된다. 그러면 위험을 무릅쓰고서라도 부실한 곳에 돈을 빌려 주게 된다.

2008년에 있었던 금융위기를 짚어보자. 1991년이 되자 경기가 가라앉으면서 미국인들의 주택 보유율이 10년 전보다 1.5%P 하락했다. 이에 클린턴 대통령은 서민들을 위해 800만 채의 주택공급을 공약으로 내걸었다.

그러자 부동산 담보 대부업체들이 신바람이 났다. 서민들은 집값의 10%만 있으면 집을 구입할 수 있었다. 서민들이 집을 구입하면 돈을 빌려 준 부동산 담보업체들은 이 채권을 월가의 금융기관들에게 팔았고, 이것을 구입한 금융기관들은 이것을 증권으로 만들어 일반 투자자들에게 되팔았다. 그러자 너도나도 주택을 구입하기 시작하여 미국 부동산 가격은 고공행진을 이어갔다.

부동산 가격이 지속적으로 오를 때는 문제가 없었으나 부동산 가격이 폭락하자 문제가 불거졌다. 부동산 가격이 담보가액 이하로 추락하자 이것을 판매한 담보업자, 금융기관, 다시 이것을 파생상품으로 구입한 사람들이 줄줄이 무너지기 시작했다. 이것이 2008년에 일어난 미국의 금융위기이다.

부동산 담보를 채권으로 하여 발행한 금융상품은 극히 일부에 지나지 않는다. 현재 미국에는 수천 종류의 파생상품들이 있다. 대부분 실물이 없는 가공의 허구적인 상품들이다.

이들이 만들어내는 금융상품들을 보고 있으려면 라스베가스의 도박장을 보는 것 같다. 단순하던 금융상품이 ABS, MBS, CDO, CDS, 선물, 옵션, 공매도short sale 등 기상천외한 투기 상품으로 발전되었다. 실물자본 1달러가 파생금융상품 800달러가 될 수도 있는 기이한 기법도 있다. 결국 미래의 위험을 현재의 수익으로 바꾸는 방식들이다.

그렇게 하여 판매한 파생상품의 규모는 대략 500조 달러, 전 세계 GDP의 10배를 넘는 수준이다. 이들은 모두 어느 하나의 연결고리가 끊어지면 줄줄이 끊어지는 구조를 가지고 있다. 이것이 언제 세계경제를 파국으로 이끌지 모를 시한폭탄으로 남아 있다.

: 자본주의의 한계, '반복되는 불황' :

자본주의는 크고 작은 불황이 주기적으로 되풀이된다. 1907년 미국의 금융공황, 1930년대의 세계적인 공황, 1970년대에 있었던 두 차례의 석유위기, 1980년대의 남미 국가들의 연쇄부도, 1997~8년에 있었던 아시아권의 경제위기 그리고 가장 최근에 있었던 2008년도 미국 월가의 금융위기 등이 그러하다. 이처럼 반복되는 위기는 자본주의의 내재적인 한계이다.

자본주의 경제의 본질은 모든 것을 개인의 자유에 맡겨 놓으면 수요와 공급이 조화를 이루며 사회 전체가 발전할 것이라는 전제에서 출발한다. 그러나 모든 경제주체들이 이기적인 선택을 한다면 확률적으로 주기적인 불황이 발생할 수밖에 없다. 그래서 '자본주의'라는 단어가 때로는 타락한 단어로 들리는 것이다.

과잉생산에 의한 불황의 가능성을 가장 먼저 점친 사람은 영국의 경제학자 맬서스였다. 당대의 경제학자였던 맬서스와 리카르도 두 사람은 불황의 가능성을 놓고 치열한 토론을 벌였다. 맬서스는 공급과잉으로 인한 불황의 가능성을 주장했고 리카르도는 어떤 경우에도 불황은 없다는 주장이었다. 그 토론에서는 말 잘하는 리카르도가 이겼다고 한다.

리카르도는 여러 모로 특이한 사람이었다. 대학이라고는 근처에도 가보지 않았지만 당대의 경제학자들을 압도할 정도로 경제이론에 밝았고 자유무역이론을 주창하기 위해 비교우위론을 만들어낸 사람이기도 했다. 주식시장에서 큰돈을 번 리카르도는 정치인이 되어 금융개혁, 빈민구제, 관세철폐, 언론자유 등 당시의 사회 분위기로 보아서는 과격하다 할 만한 개혁안을 열렬히 지지하였다. 부자가 사회개혁을 부르짖기는 어려운 일이기 때문이다.

맬서스는 목사였으며 리카르도는 정치인이었다. 목사와 정치인, 둘 다 말이라면 누구에게라도 지지 않을 사람이었지만 두 사람의 토론에서는 리카르도의 말솜씨가 훨씬 더 나았던 모양이다. 나중에 그 이야기를 접한 케인즈는 그 토론에서 맬서스가 이겼더라면 자본주의는 훨씬 더 진보할 수 있었을 거라며 아쉬워했다고 한다.

자본주의의 종말을 예언했던 마르크스는 19세기 들어 거의 10년마다 되풀이 되는 불황의 정체를 규명하기 위해 많은 노력을 기울였다. 그러나 마르크스는 자신의 저서 어디에서도 공황의 원인을 어느 하나로 상세하게 기술하지 않고 여러 곳에서 다양하게 불황의 원인을 지적하고 있다.

예를 들면 재화와 서비스가 국민들의 욕구를 충족시키려는 목적에서가 아니라 자본가들의 이윤획득에서 출발한다는 점, 자본가들은 자신이 만드는 상품은 모두 팔려나가기를 희망하여 과잉생산을 하는 반면 노동자들의 임금은 되도록 적게 지불하려고 애쓰기 때문에 그 사이에서 공급과 수요의 괴리가 발생한다는 점, 신용붕괴와 자본주의의 구조적인 위기 등을 불황의 원인으로 언급하고 있다.

결국 마르크스가 지적한 불황의 요인은 공급과잉과 이윤저하의 법칙으로 요약될 수 있을 것 같다. 이 두 가지 요인으로 자본주의는 몰락할 수밖에 없다고 예측한 것이었다.

마르크스가 자본주의의 종말을 예언했지만 그가 자본주의를 일방적으로 매도만 한 것은 아니었다. 그는 자본주의의 역동성과 경이로운 생산성을 역사상 그 어떤 지배계급이 이룩한 것보다 월등함을 인정했다. 그러나 나라의 경제를 탐욕스러운 자본가들에게 맡겨 놓으면 과잉생산과 구조적인 이윤저하로 주기적으로 공황이 일어날 수밖에 없다고 내다보았다.

과잉생산이 궁극적으로 공황으로 이어지는 과정을 보자. 자본가들은 늘 과잉생산의 유혹을 떨치기가 어렵다. 자신이 만들어내는 상품이 모두 팔려나가리라는 가정 하에 생산계획을 수립하기 때문이다. 이렇게 과잉 생산된 상품이 수요가 뒷받침되지 못하면 공장이 문을 닫아야 하고 근로자들은 직장을 잃고 길거리로 나앉아야 한다. 근로자들의 수입이 없어지면 수요는 더욱 위축되어 공황으로 이어지게 된다.

1930년대 미국에서 대공황이 일어나자 미국은 물론 세계 전체가 휘청거렸다. 미국은 1920년대 말에 이미 과도한 신용공여와 과잉투자가 누적된 상태였다. 그러나 이미 생산은 과잉상태, 오갈 데 없는 자금이 증권시장으로 몰리면서 거대한 거품을 만들었다가 그 거품이 꺼지면서 공황이 발생한 것이었다. 그러자 많은 사람들은 마르크스의 예언대로 자본주의가 종말을 고하는 게 아닐까 우려했다.

여기서 등장한 구원투수가 영국의 경제학자 케인즈였다. 그 역시 공황의 원인을 유효수요의 부족으로 진단하고서 지금까지의 자유방임적인 경제운용을 그치고 정부가 적극적으로 관여해야 한다는 처방을 내놓았다. 정부도 경제주체의 하나로 민간이 하기 어려운 기간산업의 건설, 사회적 인프라 확충, 공공사업 등에 대한 투자로 유효수효를 창출해야 한다는 주장이었다. 그렇게 하여 시작된 것이 테네시 강 개발사업 등 정부의 공공부문 투자였다.

케인즈가 제안한 것으로 알려진 '유효수요이론'도 사실은 맬서스가 먼저 창안한 개념이다. 맬서스는 과잉생산에 의한 불황의 가능성을 염두에 두고서 소비재의 수요를 증가시키는 어떤 요인도 자본주의 경제의 안정과 성장에 기여하게 된다면서 자신과 같은 목사나 군인, 관리 등 직접 생산에 가담하지 않으면서 소비재를 구입하는 계층을 자본주의의 유지, 발전에 크게 공헌하는 계층으로 분류하기도 했다. 그것이 곧 유효수요이론이었다.

1930년대의 공황은 2차 세계대전이 발발하자 엄청난 전쟁 수요가 일어나면서 불황은 언제 그랬느냐는 듯 하루아침에 사라졌다. 이것 역시 자본주의의 내재적인 모순이다. 경기를 활성화시키기 위해서는 전쟁도 필요하다는 것이다. 불황을 탈출하기 위해 일부러 전쟁을 일으켰다는 주장도 상당한 설득력을 가진다.

　　사회주의 국가들은 늘 '미국'이라는 이름 뒤에 '제국주의'라는 단어를 덧붙였다. 산업혁명으로 자본주의 체제를 구축한 서구 열강은 가공할 경제력과 군사력으로 나머지 세계를 약탈하기 시작했다. 자원과 시장을 확보하기 위한 정복전쟁이었다. 끊임없이 새로운 시장을 찾아 나서야 하는 것이 자본주의의 본질이다. 그래서 제국주의라는 이름이 붙은 것이다. 자본주의가 제국주의의 동의어로 비난받는 이유이다.

　　마르크스가 두 번째로 지적한 것은 구조적 불황으로 '이윤율 저하의 법칙'이다. 생산성 증가를 위해 설비를 늘려 가지만 투하자본에 대한 잉여가치의 비율, 즉 이윤은 점점 더 줄어든다. 그리하여 불황은 주기적으로 반복될 수밖에 없다는 것이다.

　　구소련이 붕괴될 당시만 해도 자본주의의 완벽한 승리를 노래했던 사람들이 다시 자본론을 꺼내든다고 한다. 이는 말할 것도 없이 세계적인 불황 때문이다. 2008년 발생한 미국 금융위기 이후, 세계 전체가 불황에 허덕이고 있으며 경제학자는 물론이고 사회학자들도 뾰족한 대안을 내놓지 못하고 있는 상황에서 자본론을 꺼내든 것이다.

　　사실 자본주의사회를 가장 예리하게 파헤친 사람은 마르크스였다. 지금 유럽 여러 나라들과 일본에서는 대학에 다시 자본론 강의가 개설되었다.

사람들이 다시 자본론을 읽는 것은 자본주의 시스템의 문제점을 찾기 위한 것도 있지만 마르크스가 그토록 부르짖었던 '인간회복'의 문제가 지금의 화두가 되고 있기 때문이다. 자본주의 시스템에 아무런 문제가 없다고 하더라도 '인간'의 문제만은 자본주의로서는 해결할 수 없는 한계이기 때문이다.

《청년이여, 마르크스를 읽자》라는 책의 저자 우치다 다쓰루는 일본의 젊은이들이 성숙한 어른이 되기 위해 반드시 마르크스를 읽어야 한다고 주장한다. 힘없고 가난한 사람들에게 공감과 연민, 양심의 가책을 느낄 줄 아는 사람으로 성장하기 위해서는 마르크스를 읽어야 한다는 것이다.

경제학자들이 주장하는 경기주기에는 50~60년을 순환주기로 보는 장기파동, 10년을 주기로 보는 중기파동, 40개월을 순환주기로 보는 단기파동이 있다. 이 세 개의 파동이 서로 증폭되거나 회절되면서 불황을 몰고 다닌다.

장기파동을 발견한 사람은 유대계 러시아 경제학자 멘셰비키 콘드라티에프였다. 그는 산업혁명 이후 1920년대까지 원자재, 곡물가격, 금리, 임금, 무역, 석탄의 생산량과 소비량, 저축, 금의 생산량 등 각종 경제 자료와 정치적 사건을 정리하여 50~60년의 장기순환 파동을 발표했다. 자본주의는 50~60년의 장기파동을 겪으면서 발전한다는 주장이었다.

오스트리아 경제학자 슘페터는 그의 이론을 극찬하면서 '콘트라티에프 파동'으로 이름까지 지어 주었다. 그후 세계 대공황을 연구하는 과정에서 다시 각광을 받게 된 이론이었다.

국가나 기업의 운명도 대략 50~60년 주기의 영향을 받는다. 그의 이론에 의하면 50~60년 주기 안에 12~15년의 네 국면이 리듬을 타면서 이어진다. 호황기에는 물가가 상승하고 고용과 소득이 최고 수준에 이르며, 불황일 때는 물가가 하락하고 고용과 소득도 최저수준이 된다. 이것이 경기순환론이다.

그러나 콘트라티에프는 불행한 경제학자였다. 그를 그렇게 부르는 이유는 바로 자신이 발표한 이론 때문에 숙청되어 유배를 가야 했고, 끝내 유배지에서 생을 마쳤기 때문이다. 그의 이론이 발표되자 당시 공산주의 국가였던 러시아에서는 거센 반론이 제기되었다. 그중 가장 유명한 논쟁은 볼세비키 혁명을 일으켰던 트로츠키와의 논쟁이었다.

트로츠키의 입장에서는 자본주의는 봄, 여름, 가을, 겨울에서 다시 봄으로 이행되는 것이 아니라 겨울에서 종말을 고해야 하는 것이었다. 그러나 콘트라티에프는 겨울에서 다시 봄으로 이어진다고 반박을 한 것이다. 이윽고 스탈린 정권이 들어서자 콘트라티에프는 공개적인 비판을 받게 되었고, 결국 시베리아 유형지로 보내져 그곳에서 삶을 마쳤다.

하나 재미있는 것은 콘트라티에프를 유배지로 보냈던 트로츠키 역시 스탈린과의 권력싸움에서 밀려나 자신과 그의 추종자들은 소련에서 멀리 떨어진 지역으로 추방되었다. 후에 터키로 탈출하여 그곳에서 저술활동에 전념하면서 러시아 혁명사를 완성했다. 그후

프랑스, 노르웨이, 멕시코를 떠돌다가 스탈린이 보낸 암살자에 의
해 생애를 마쳤다.

: 신자유주의의 한계, '승자독식' :

2008년 11월, 미국발 금융위기가 터진 직후에 영국 엘리자베스 여
왕이 런던 대학을 방문한 자리에서 경제학자들에게 물었다.

"작금의 경제위기를 왜, 아무도 예견하지 못했는가?"

그 자리에 있던 경제학자들은 아무도 입을 열지 못했다. 이들이
여왕의 질문에 대한 해답을 준비하는 데 8개월이 걸렸다. 이듬해인
2009년 7월에야 이들은 다음과 같은 답신을 여왕에게 보냈다.

"위기가 얼마나 큰 규모로 언제 찾아올 지 예측하지 못한 것은 경
제 시스템의 전체적인 위험성을 이해할 수 있을 만큼 집단적인 창
의성을 발휘하지 못했기 때문입니다."

무슨 말인지 명쾌하지는 않지만 지금의 경제학으로서는 위기를
예측하는 데 한계가 있다는 의미로 들린다. 일부러 애매한 표현을
사용했을 것이다.

2008년 미국 금융위기의 시발점이 된 리먼 사태가 터졌을 때 20
년 동안 미국의 금융정책을 총괄했던 그린스펀 연방준비은행 의장
이 의회 청문회에 불려갔다. 의원들이 그를 추궁했다.

"20년 동안 당신이 추구했던 일련의 금융정책이 옳았다고 생각하느냐?"

그러자 그린스펀은 머리를 조아리면서 자신의 잘못을 인정했다.

"중앙은행이 하는 일 모두가 전적으로 옳다고 믿고 20년 동안 일했다."

경제학을 공부하는 사람들에게 과연 경제학이 미래 예측의 수단으로서 역할을 다하고 있느냐고 물으면 "일기예보가 다 맞는 거 봤느냐?"고 반문할 것이다.

그렇다. 내일의 날씨나 내일의 경제 문제는 많은 요인들이 얽히고설킨 복합계이기 때문에 맞는 것이 오히려 이상하다. 기상학자와 경제학자는 과거와 현재의 데이터를 가지고 가설을 세우고, 그 가설이 틀리면 다시 가설을 조정해나가는 과정이다. 그래도 근사치일 뿐 정확하게 맞을 수는 없는 사안이다.

• • •

경제학의 아버지 애덤 스미스는 경제 문제를 모든 사람의 자율에 맡겨 두면 '보이지 않는 손'에 의해 수요와 공급이 조절될 것이라며 자유방임이론을 주창했다. 그의 이론은 19세기와 20세기 초반까지는 상당히 유효한 것임이 입증되었다. 이것이 자본주의를 궤도에 올려놓은 이론이었다.

그러다가 1930년대에 들어 대공황이 일어나자 자유방임이론만으로는 해결할 수 없게 되었다. 경제주체들의 자율에 맡기면 맡길수록 경제는 점점 더 깊은 수렁으로 빠져들었다.

여기서 다시 케인즈의 이론이 등장했다. 그는 공황의 원인을 유효수요의 부족에서 비롯된 것으로 보고 정부도 하나의 경제주체로서 적절한 수준에서 정부가 수요를 창출해주어야 한다고 주장했다. 경제를 시장의 자율에만 맡기지 말고 정부도 경제주체가 되어 적극적으로 시장에 개입해야 한다는 것이 케인즈의 '수정자본주의'이다. 케인즈의 이론대로 정부 지출의 증대를 통해 유효수요를 창출함으로써 위기를 넘어설 수 있었다. 케인즈의 이론은 1960년대까지 30년 동안 성역으로 여겨졌다.

그러다가 70년대 초반에 터진 오일쇼크는 심각한 스태그플레이션을 일으켰다. 보통 물가상승은 경제 활성화와 동시에 나타나는 것이 일반적이지만 70년대는 경제가 침체된 가운데서도 물가는 꾸준히 상승했다. 그러자 각국 정부는 케인즈의 조언대로 재정을 풀어 적극적으로 시장에 개입했지만 여건은 개선되지 않고 오히려 물가만 부추기는 현상이 발생했다. 케인즈의 이론 역시 한계를 드러낸 것이다.

여기서 다시 정부의 개입 대신 시장의 역할에 좀 더 무게를 실어야 한다는 신자유주의가 등장했다. 경제는 경제주체들이 알아서 할 테니 정부의 간섭을 줄이고 기업들이 국제적으로 자유롭게 활동할 수 있도록 각국 정부는 규제를 모두 풀어야 한다는 주장이었다. 이론은 그럴싸하나 실제의 내용은 미국 기업들이 외국에서 자유롭게 활동할 수 있도록 각국이 빗장을 열라는 말이었다.

그러나 신자유주의 또한 많은 문제점을 안고 있었다. 2000년도 미국 금융시장의 거품은 정보통신 분야에 대한 과도한 투자로 빚어졌다. 그러자 첨단 분야의 투자를 축소하면서 미국 경제는 소비감소로 이어지면서 정체에 빠졌다. 그러자 수익을 낼 뚜렷한 소재가 없었던 월가에서는 다양한 파생상품을 만들어 그들만의 잔치를 벌이고 있었다. 그것이 서브프라임 모기지 사태로 이어지면서 2008년의 금융위기가 터졌다.

파생상품이란 실체가 없는 거래이다. 서로가 서로에게 위험부담을 떠넘기는 거래가 파생상품이다.

예를 들어보자. 원유가격이라면 국제 정세에 따라 춤을 추면서 등락을 거듭한다. 여기서 A가 특정 시점에, 특정 가격으로 원유를 구입할 수 있는 계약을 체결했다고 하자. 계약기일이 가까워질 무렵 원유가격이 폭등한다면 A는 상당한 차익을 남기고 다른 사람에게 매입권을 넘길 수 있다. 만약 폭락한다면 그는 손해를 줄이면서 다른 사람에게 넘길 수 있다는 것이다.

이것은 사소한 예에 불과하다. 파생상품을 이해하기 위해서는 미분, 적분으로 대표되는 고등수학을 마스터해야 한다. 그리하여 미국의 금융가인 월가에는 경제학 박사보다 수학 박사들이 더 많다. 미국의 금융위기는 거기에서 비롯된 것이다.

자본주의는 다른 어떤 시스템보다 자원의 효율적인 분배가 가능하고 누구든 노력한 만큼의 부를 축적할 수 있다는 가설에 근거를 두고 있지만 신자유주의에서는 이 가설들이 먹혀들지 않았다. 시장은 제대로 작용하지 않았고 미국에서는 상위 1%가 국부의 25%를 차지하는 심각한 불균형이 나타나고 있다. 이는 25년 전의 그것과 비교하면 2배나 증가한 것이다.

소득격차가 확대되는 가운데 경제성장은 둔화되고 실업률은 고공행진을 계속했다. 결국 일부 우파 정치가들도 최근 세계적으로 벌어지고 있는 자본주의 비판 시위에 동조하기에 이르렀다.

이것은 자본주의가 모종의 티핑 포인트에 도달했다는 증표이기도 하다. 승자 독식주의를 그대로 둔다면 자본주의 자체도 존속할 수 없을 것이라는 위기감이 세계적으로 팽배하고 있는 상황이다.

: 따뜻한 자본주의, '자본주의 4.0' :

여기서 경제학을 바라보는 새로운 시각이 등장했다. 영국의 경제평론가 아나톨 칼레츠키가 주창하는 '자본주의 4.0'이라는 개념이다. 애덤 스미스 이래의 자유방임적 고전자본주의가 1.0이라면 1930년대 대공황 이후 정부의 적극적인 시장 개입을 요구하는 케인즈의 수정자본주의 이론이 2.0이었다.

그러다가 1960년대 말과 1970년대에 발생한 오일쇼크와 지구촌 전반의 인플레이션 이후 영국의 대처와 미국의 레이건에 의해 탄생한 것이 다시 시장에 맡기자는 신자유주의가 3.0에 해당된다. 그러나 앞에서 보았듯이 신자유주의도 많은 문제점을 노출시켰다.

여기서 등장한 것이 '공생', '상생', '지속가능한 성장' 등의 개념들을 담고 있는 자본주의 4.0이었다. 한마디로 좀 더 따뜻한 자본주의를 하자는 것이다. 그러자 많은 나라의 정치인과 경제학자들이 4.0이라는 단어를 유행병처럼 받아들이고 있다. 이것은 지금의 경제 시스템에 심각한 문제가 있음을 스스로 인정한 결과가 되었다.

그러나 완벽한 경제이론은 없다. 자본주의 1.0에서는 공황을 낳았고, 2.0은 글로벌 인플레이션과 경제위기를 낳았고, 3.0에서는 극심한 빈부격차를 낳았다. 새로운 자본주의가 나타나야 한다는 주장의 이면에는 부자 나라나 가난한 나라 모두에서 만연하고 있는 빈부격차에 대한 문제점에서 비롯되었다.

자본주의 1.0에서는 개인이 모두 옳았고 2.0에서는 정부가 모두 옳았다. 다시 3.0에서는 시장이 옳았고 4.0에서는 정부나 개인 모두 옳을 수도 있고 어느 하나 혹은 모두가 틀릴 수 있다. 따라서 자본주의 4.0으로 나아가기 위해서는 시장의 기능을 축소하면서 정부의 기능을 상대적으로 강화해야 한다. 결국 자본주의 4.0은 상대적인 차이는 있을지라도 사회주의자들이 주장하는 것과 흡사한 측면이 있다.

이것이 심화될 경우에는 기업가들이 돈이 안 되는 분야, 장기적인 분야, 기초적인 분야에 더욱 투자를 하지 않을 것이고, 자칫 권위주의적인 정부가 등장하면 좌파정부와 흡사한 패턴으로 이어질 가능성도 있어 보인다.

칼레츠키에 의하면 경제는 신고전학파들이 주장하는 것처럼 합리적으로, 효율적으로 움직이는 것이 아니며 정부도 시장도 모두 틀릴 수 있다. 따라서 경제는 어느 한 이론의 틀 속에서 직진하는 게 아니라 정부와 시장 모두가 시행착오를 거치면서 위기를 맞고 이 위기를 극복하기 위해 새로운 해답을 찾아 갈지자z 형태로 진화한다는 것이다.

세 사람의 참모가 있다. 하나는 수학자, 하나는 과학자, 하나는 경제학자이다. 상사가 세 사람에게 똑같은 문제를 내고서 해답을 구했다. '1+1은 얼마냐?' 하는 문제이다.

먼저 수학자는 당연히 2라고 대답했다. 과학자는 화학적인 반응을 할 경우에는 2가 아닐 수도 있다고 대답했다. 마지막으로 경제학자가 말했다.

"당신이 원하는 답이 뭔가요? 그게 바로 정답입니다."

: 민주주의의 한계, '포퓰리즘' :

20세기 들어 민주주의 열풍이 대세로 굳어지고 있다. 《제3의 물결》을 쓴 사무엘 헌팅턴에 의하면 1996년을 기준으로 20년 전에는 민주주의 체제를 택한 나라가 30%였으나 지금은 60%의 국가들이 민주주의를 채택하고 있다고 한다. 이제 민주주의는 거스를 수 없는

대세가 되었다. 도저히 민주국가로 분류될 수 없는 북한도 명분상
으로는 '조선민주주의 인민공화국'으로 호칭하고 있을 정도이다.

　민주주의의 근간은 다수결에 의한 의사결정 원칙이다. 정권을 선
택하는 것도, 중요한 정책을 결정하는 것도 다수결에 의한다. 그러
나 다수결이 항상 옳은 것인가 하는 근본적인 의문이 남는다.

　정치학자들에 의하면 민주주의는 최선책이 아니라 차선책이라고
한다. 민주국가가 아닌 전제국가나 독재국가 지도자들이 훨씬 더
좋은 정책으로 국가를 부흥시키고 국민을 편안하게 해준 사례도 얼
마든지 있다. 반대로 국민에 의해 선출된 정부가 잘못된 정책을 수
행할 가능성도 얼마든지 있다. 다만 최악의 선택은 막아보자는 것
이 민주주의라는 것이다.

　BC 5세기 그리스 도시국가 아테네는 지중해의 맹주로 군림하면
서 탄탄한 재정을 바탕으로 역사상 가장 먼저 민주정을 이루었다.
그러자 아테네 시민들은 끊임없는 요구를 늘어놓았고, 지도자들은
이들의 비위를 맞추기에 급급했다. 그 당시에도 포퓰리즘이 있었
다는 것이다. 그러자 국가 재정은 급속도로 고갈되어 몰락의 요인
이 되었다. 수 천 년 전의 그리스와 지금의 그리스가 어쩌면 그리도
똑같은 모습인지 경이롭기만 하다. 다시 보면 민주주의를 표방하는
한 포퓰리즘은 피할 수 없는 함정이 아닌가 생각된다. 이 역시 민주
주의의 한계이다.

민주주의는 포퓰리즘을 내건 선동가에게 언제든 정권을 넘겨줄 가능성에 대해 늘 문을 열어 두고 있다. 민주주의가 투표에 의해 정권이 창출되는 한 정치인들은 유권자가 가장 많은 계층의 요구를 들어줄 수밖에 없다. 그것이 진정한 자신의 철학일 수도 있고 표를 얻기 위한 임기응변일 수도 있다.

어느 경우든 민주주의는 포퓰리즘과 어느 정도 궤를 같이 할 수밖에 없다. 그래서 선거 때만 되면 투표권이 가장 많은 서민들을 위한 각종 복지정책을 내놓게 된다. 이것이 심해지면 나라경제는 파탄을 맞는다.

2012년의 선거를 앞두고 있는 우리나라의 경우도 예외가 아니다. 정당들마다 유권자가 많은 젊은 계층을 끌어들이기 위해 각종 시혜를 약속하고 있다. 이것이 포퓰리즘의 함정이며 민주주의의 한계이기도 하다.

영국과 네덜란드는 1970~80년대를 거치는 동안 포퓰리즘으로 심각한 영국병과 네덜란드병을 앓았다. 두 나라 모두 과도한 복지정책 때문에 2류 국가로 추락한 경우이다. 영국은 1942년에 나온 베버리지 보고서를 바탕으로 '요람에서 무덤까지'를 보장하는 복지정책을 채택했다. 부자들로부터 무거운 세금을 거두어 가난한 사람들을 먹여 살린다는 것이 핵심이었다.

그러자 세금에 짓눌린 자본은 하나둘 해외로 빠져나갔고 기업은 활력을 잃었다. 그럼에도 노조는 더 많은 몫을 요구하며 파업을 일삼았다. 1977년에는 하루 평균 파업에 참가하는 노동자들의 숫자가 3만 4천 명이었다.

근로자들의 파업으로 전국의 발전소와 공장이 멎고 병원과 학교가 문을 닫았으며 자동차, 운수, 병원, 청소원들까지 파업에 가담했다. 장례업 근로자들의 파업으로 길거리에는 시신이 방치되어 있을 정도였다. 이른바 영국병이었다.

1979년, 영국병을 치유하겠다며 집권에 성공한 대처 총리는 모든 복지정책과의 결별을 선언했다. 우선 재정적자의 주범인 국민연금 지급액을 대폭 낮추었고 방만하게 운영되던 전기, 통신, 조선 등의 공기업을 민영화시켰다. 재정적자 축소를 위해 공무원 숫자도 79년의 73만 명에서 90년에는 56만 명으로 줄였다.

일상화처럼 되어 버린 불법파업을 없애기 위해 노동법도 뜯어고쳤다. 불법파업으로 인한 손해는 모두가 노조 측이 배상해야 한다는 내용이었다. 이것으로 노조와 전면전이 벌어졌다. 가장 강력했던 것이 탄광노조였다. 대처 이전의 히스 수상도 이들과 두 차례나 대결했지만 모두 실패했다. 당시의 탄광노조는 사실상 영국의 산업 전체를 장악하고 있는 막강한 권력 그 자체였다.

대처 개혁의 핵심은 탄광 노동자들과의 전면전이었다. 이들이 전면파업에 돌입하자 대처는 경찰을 보내 모든 것을 법대로 처리하게 했다. 노조 간부들이 모두 해고되고 이들의 사유재산도 불법파업에 대한 손해배상으로 하나둘 처분되었다. 그러자 일 년을 버티던 탄광노조는 마침내 항복을 선언했고 마침내 산업에 평화가 찾아왔다. 그 결과 영국은 지금 유럽에서 실업자가 가장 적은 나라가 되었다.

기업에 대한 세율도 대폭적으로 낮추어 해외로 빠져나갔던 자본을 다시 불러들여 기업을 활성화시켰다. 평등주의 교육 시스템에도 칼을 댔다. 평등주의가 영국을 망친다며 중등교육의 평준화를 없애고 대학에도 경쟁원리를 도입하여 학교에 대한 재정지원이나 등록금지원을 대폭 축소했다. 그로 인해 대학교육에서 소외되는 사람들을 위해서는 기술교육을 강화했다.

대표적인 포퓰리즘 국가로 낙인찍힌 아르헨티나를 보자. 아르헨티나를 이야기하려면 캐다나와 비교하지 않을 수 없다. 100년 전 아르헨티나와 캐나다는 세계 10대 부국에 속해 있었다. 넓은 국토와 풍부한 자원 등 조건도 비슷했다. 그러나 100년이 지난 지금 캐나다는 국민소득 3만 달러가 넘는 부국으로 G7의 강대국이 되었으나 아르헨티나는 국민소득 4천 달러의 후진국으로 추락했다.

1946년 부두 노동자들의 절대적인 지지 속에 대통령에 당선된 페론은 국가 예산의 33%를 서민들을 위한 정책에 쏟아 부었다. 무상의료에다 대학교육까지 무료였다. 근로자들의 실업수당도 웬만한 직장의 월급보다 많았다. 이것으로 국가의 재정은 파탄이 났다. 그러자 외국 자본이 떠나고, 투자가 위축되고, 고용이 감소하고 이것은 다시 소득 감소와 투자 감소의 악순환으로 이어졌다.

페론은 물러났지만 아르헨티나의 포퓰리즘 정책은 여전히 망령을 드리우고 있다. 키르츠네르 전 대통령과 그의 후임이자 아내인 페르난데스 대통령이 포퓰리즘의 바톤을 이어받은 것이다.

2011년 대통령 선거에서 당선된 페르난데스는 과도한 복지정책을 내걸었다. 국가 예산의 19%를 국민생활 보조금으로 사용한다는 것이며 은퇴자 670만 명의 연금을 37% 인상했다. 무주택 가정에 대한 보조도 50%를 인상했다. 아르헨티나는 전기, 가스, 유류도 거의 무상이다. 그러다 보니 자원 부국인 아르헨티나지만 2008년부터는 가스를 수입하는 나라로 전락했다.

국가 부도위기를 맞고 있는 그리스를 보자. 그리스는 대학은 물론 석, 박사과정까지 모두가 무료이다. 부자든 가난한 자든 공부를 하고 싶어 하는 모든 학생은 무상으로 교육을 받을 수 있어야 한다는 철학이 깔려 있다. 이는 그리스가 자랑하는 제도이기도 하다.

그리스에는 해운이나 관광산업 외에는 변변한 산업이 없다. 그러다 보니 그리스 최고의 엘리트만 들어가는 아테네 대학을 나와도 일자리가 없다. 그리스의 청년 실업률은 43%에 이른다.

그리하여 그리스 정부는 공무원 숫자를 과도하게 늘려 이들의 일부라도 수용할 수밖에 없었다. 그래서 그리스에는 공무원이 넘친다. 노동인구의 25%가 공무원이다. 공무원이 넘치다 보니 할 일도 별로 없다. 아침 9시에 출근해서 2시 반이면 퇴근한다. GDP 53%에 달하는 국가예산은 공무원 급여가 대부분일 정도이다.

그리스에서는 지금 공무원들이 시위의 중심에 서 있다. 국가 부도위기에 처한 그리스 정부가 예산감축과 공무원 감축계획을 발표하자 이에 대해 항의하는 경찰과 공무원들의 시위인 것이다.

1980년대까지만 해도 그리스는 유럽의 우등생이었다. 유권자들은 선심공약을 약속하는 선동 정치꾼들에게 표를 주었고, 그 결과가 지금 나타나고 있는 것이다. 선거를 의식하여 내놓는 선동적인 포퓰리즘은 일정 시간이 지나면 거의 대부분은 독이 되어 돌아온다. 그러나 정치인들은 자신의 임기가 끝난 다음의 일은 알 바가 아닌 것이다.

독일 경제학자 빌헬름 뢰프케의 말이다.

"포퓰리즘은 브레이크 없는 자동차와 같다."

일단 시작된 인기 위주의 복지는 멈추기가 거의 불가능하다는 의미이다.

2004년 스페인 사회노동당의 호세 루이스 로드리게스 사파테로는 '완벽한 복지국가'를 공약으로 내걸고 집권에 성공했다. 무상 대학교육, 최저임금 보장, 무상보육에 코감기까지 건강보험을 적용시켰다. 2008년 재선에 도전한 사파테로는 모든 납세자에게 세금 400유로(약 63만 원)를 환급해준다는 공약을 내세워 재선에 성공했지만 곧바로 스페인 경제에 독이 되어 돌아왔다.

이런 포퓰리즘의 여파로 이제 스페인은 그리스 다음으로 이탈리아와 함께 '차기 구제금융국' 후보에 올라 있다. 스페인의 공공부채는 국내총생산(GDP) 대비 67.3%로 이탈리아(120%)나 EU 평균(80%)보다는 낮지만 악성 부채가 많고 청년 실업률은 EU 내 최고 수준인 46.2%에 이른다. 무상교육 덕분에 모두가 대학을 나왔지만 절반이 일자리를 찾지 못하고 있기 때문이다.

유럽에서 포퓰리즘으로 집권했던 정당들이 2011년에 모두 정권을 내놓고 물러나는 이변이 벌어졌다. 《PIIGS》 국가들이다. 포르투갈, 이탈리아, 아일랜드, 그리스, 스페인을 묶어서 부르는 말이다. 유럽 사람들은 이 국가들을 '돼지들'이라고 부른다. 이들 국가들의 이니셜인 'PIIGS'와 'PIGS'가 흡사하기 때문이다.

그렇다. 완벽한 복지국가는 국민을 돼지로 만든다. 스스로는 아무것도 생각하지 못하고 돼지가 꿀꿀이죽을 기다리듯이 정부의 시혜만 기다리게 된다는 의미이다. 공산주의가 망했다고 하지만 사실은 도덕적으로 해이해진 민주주의를 토양으로 빠르게 성장하고 있다. 복지라는 이름의 포퓰리즘으로 말이다.

• • •

그러나 성공한 좌파 정권도 없지는 않다. 2010년 브라질의 룰라 대통령은 8년의 임기를 마치고 시민으로 돌아갔다. 퇴임 당시의 국민 지지율은 무려 87%에 이르렀다. 퇴임 대통령의 인기가 그 정도인 사례는 세계 역사에서도 찾아보기 어려울 것 같다. 초등학교 4학년 중퇴, 철강노조 위원장 출신이었던 그가 그 정도로 성공한 대통령이 된 비결은 무엇일까?

2002년 좌파 대통령 후보로 출마한 룰라는 덥수룩한 수염에다 체 게바라의 얼굴이 새겨진 티셔츠를 입고 유세장을 누볐다. 그의 인기가 오르자 외국 자본들이 빠져나가기 시작했다. 그의 좌파적인 색깔이 브라질을 망칠 것으로 믿었기 때문이다. 세계적인 투자가 조지 소로스는 만약 그가 당선된다면 브라질은 제2의 아르헨티나가 될 것이라고 경고했다. 그가 대통령에 당선되었을 당시 브라질은 IMF 구제금융을 받고 있었으며 300억 달러의 외채, 국민의 40%가 극빈자였다.

대통령에 취임하자 급진적인 개혁 대신 점진적인 개혁으로 행로를 바꾸었다. 단기적으로는 빈민구제, 장기적으로는 친기업적인 노선을 택했다. 자신이 그토록 싫어했던 미국과의 관계를 협력관계로 바꾸고 세계화와 신자유주의에 대해서도 입장을 바꾸었다. 그러자 자신을 지지했던 좌파들은 '변절자'라며 그를 비난했다.

그는 빈민구제를 위한 재원을 마련하기 위해 공무원 퇴직연금을 개혁했다. 당시 브라질의 퇴직 공무원들은 최저임금의 15배를 받고 있었으며 사법부에서 퇴직한 공무원들은 최저임금의 33배를 받고 있었다. 그것을 뜯어고쳐 350만 명의 서민들에게 혜택을 주었으며 퇴직할 무렵에는 1천만 명이 넘는 서민들이 혜택을 받았다.

이러한 친서민 정책도 일종의 포퓰리즘으로 볼 수 있지만 그의 입장은 달랐다. 절대 빈곤층에게 베푸는 그 돈이야 말로 수요가 되어 기업을 살리는 밑거름이 된다는 입장이었다. 예를 들면 전기가 들어가지 않던 300만 가구에 무료로 전기를 공급해주자 80%가 TV를 구입하게 되었고 75%가 냉장고를 구입했으며 50%가 오디오와 컴퓨터를 구입하더라는 것이다.

기업을 활성화시키고 고용을 창출하기 위해 세금을 대폭적으로

감면하고 무엇보다 외채를 갚지 않고서는 경제가 살아나지 못한다
고 판단하여 수출 드라이브 정책에 주력했다. 그리하여 2005년에
는 외채를 모두 갚았고 2008년에는 순 채권국이 되었다. 이런 정책
들로 연 1%대에 머물던 경제성장은 그의 재임 기간 동안 5%를 유
지하면서 브라질의 경제가 살아났다. 풍부한 자원을 기반으로 브라
질은 지금 세계 8대 경제대국으로 발돋움했다.

룰라의 경우 친서민 정책만 빼면 오히려 우파를 빼닮았다. 친서민
정책도 그의 표현대로 수요를 창출하고 기업을 살리기 위한 방법이
었다면 한 번에 두 마리 토끼를 다 잡은 경우일 것이다. 돌팔매 하나
로 서민도 살리고 기업도 살리는 묘법 말이다.

많은 사람들이 브라질을 일으킨 공을 룰라에게 돌리고 있지만 브
라질의 지식인들은 룰라의 전임 대통령 카르도스에 대해 더 많은
평점을 주고 있다. 그들은 브라질 경제를 재건한 사람으로 카르도
수를 꼽는 데 주저하지 않았다.

카르도스가 대통령으로 있을 당시 야당 지도자였던 룰라는 카르도
스의 정책에 사사건건 반기를 들었다. 그러나 앞에서 보았듯이 막상
대통령이 된 후에는 전임자였던 카르도스가 추진하던 정책들을 그
대로 계승하여 세계적으로 유명한 대통령이 되었다는 지적이다.

룰라가 당선되었을 당시 서구의 자본들은 보따리를 싸기 시작했
다. 그러나 막상 룰라가 꺼내든 카드는 재정안정, 물가안정, 수출 다
각화 등 카르도스 정책의 대부분을 수용했던 것이다.

카르도스 재임 당시에 불거진 아시아와 아르헨티나의 외환위기로

브라질 경제가 위기에 빠졌을 때 카르도스는 고금리를 통한 물가안정과 긴축정책에 나섰다. 경제의 근간을 지키려는 의지였지만 당장 먹고 살기가 힘들어진 국민들은 카르도스를 비판하기 시작했고, 카르도스의 반대편에 서 있던 룰라에게 몰표를 던졌던 것이다.

카르도스도 젊은 날에는 마르크스주의자였다. 자본론을 번역했고 종속이론을 주창한 사람이기도 했다. 그러다가 정부의 미움을 받아 미국, 영국, 프랑스로 망명길에 올라 젊은 시절을 보내다가 브라질도 사회 개혁을 통해 자본주의적 발전을 이룰 수 있다는 신념을 갖게 되면서 시장주의자로 변신한 인물이었다.

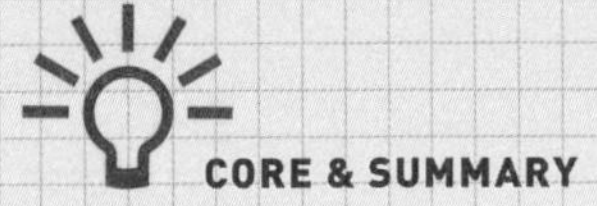

경제 기업의 한계

기업의 성장 과정에는 몇 번의 위험이 도사리고 있다. 첫 번째 위기가 특이점이다. 사람에 비유하면 사춘기에 해당되고 우주선에 비유하자면 로켓이 대기권을 벗어나는 구간이다. 로켓은 연료의 대부분을 대기권을 벗어나는 동안에 소비한다. 특이점을 지나기가 그 정도로 어렵다는 이야기다.

두 번째 위기는 성장 후기에 맞게 되는 변곡점의 함정이다. 성장 전기의 가파른 성장세가 둔화되기 시작하는 시점이다. 여기서 새로운 엔진을 점화시키지 못하면 정상에 이를 수 없다. 곤충으로 따지면 허물을 벗어야 하는 시점이다. 그러나 변곡점에서 성장세는 다소 둔화되지만 다른 여건은 비교적 안정된 상태이기 때문에 위기를 실감하지 못한다. 그러나 이 시점에서 기존의 방식을 버리고 환골탈퇴를 하지 못하면 기업은 서서히 몰락의 길로 접어들게 된다.

기업은 왜 몰락할 수밖에 없는가?

미국의 경영학자 짐 콜린스는 기업이 몰락하는 요인을 '자만'에서 찾고 있다. 어느 분야든 성공한 기업의 자만심은 대단하다. 특히 창업주가 CEO로 있는 기업은 창업주의 말이 곧 법이다. 그러나 이것이 승자의 저주가 되어 결국 몰락하게 된다. 성공한 기업은 시장을 지탱하는 큰 틀이 바뀌는 동안에도 지난날의 성공방식을 고집하게 된다는 것이다. 지금은 다시 부활했지만 PC군단에 치명타를 맞았던 IBM이나 야후, 닌텐도, 코닥, 세계 최대의 오프라인 서점 반스&노블 등이 모두 시대의 흐름을 읽지 못하고 몰락한 사례들이다.

장수하는 기업은 첨단 기술 분야가 아니라 대부분 기술이 평준화된 분야에서 한 우물을 파는 기업들이다. 일본이나 유럽의 명품 브랜드들이 그러하다. 세계 최장수 기업은 일본의 건설회사 곤고구미로 1428년 동안 살아남았다. 곤고구미는 건설, 그중에서도 사찰건축만 전문으로 하는 기업이었다.

한 우물파기란 그냥 한 가지 분야만 하는 것이 아니라 평범한 분야에서 깊은 노하우를 축적하는 것이어야 한다. 일본에는 몇 대에 걸쳐 노하우를 축적한 우동집들이 많다. 맛있는 국물 하나를 만들기 위해 100년을 투자하는 것이 한 우물파기이다.

반대로 첨단 기술 분야는 대체로 수명이 짧다. 기술의 전파 속도가 빠르기 때문에 더 나은 기술이 등장하는 순간 주인이 바뀐다. 초기 휴대폰 시장의 맹주였던 모토로라나 스웨덴의 대표기업 노키아가 그러하다.

다음으로 장수하는 기업은 시의적절하게 변신에 성공하는 기업이다. 일본에서 변신에 성공한 기업으로는 혼다를 든다. 혼다는 오토바이로 출발하여 자동차로, 이제는 소형제트기 사업까지 진출하여 성공한 경우이다. 반면 변신에 가장 실패한 사례가 일본의 소니이다. 전자로 일어선 소니는 전자와 예술의 결합이라는 현수막을 걸고서 화려한 변신을 시도했지만 처절한 실패를 맛본 기업이다.

우리나라 기업 중에서 변신에 성공한 기업으로는 두산을 든다. 두산은 처음 박승직 상점이라는 포목상회로 출발했지만 맥주, 건설, 식품, 무역 그리고 창립 100주년을 기해서는 중공업 분야로 진출하여 성공한 경우이다.

그러나 변신이 성공을 약속하는 것은 전혀 아니다. 매미가 하늘을 날기 위해서는 껍질을 벗어야 하지만 껍질을 벗은 직후가 가장 위험하다. 새들이 가장 좋아하는 먹이가 바로 막 껍질을 벗은 부드러운 매미이기 때문이다. 기업의 변신도 위험이 따른다는 의미이다.

다음으로 장수하는 기업은 인프라 분야에 집중하는 것이다. 일본의 벤처기업가 손정의 씨의 이론에 의하면 자동차 회사는 망할 수 있어도 고속도로는 망하지 않는다는 것이다. 고속도로는 곧 인프라를 의미한다.

변화에 대처하는 가장 좋은 방법은 오스트리아의 경제학자 슘페터가 지적한 '창조적 파괴'에 있다. 기업이 성장 후기에 접어들 무렵이면 자신의 상품과 서비스를 스스로 무력화시킬 수 있는 창조적 파괴를 감행해야 한다는 것이다. 그러나 자신의 기득권을 버리기가 그리 쉽지 않다.

위기에 처한 기업들이 생소한 분야 출신의 CEO를 영입하여 화려하게 부활하는 경우가 많다. IBM이 그러했고 GE가 그러했다. 특히 IBM을 살려낸 거스너 회장은 식품회사 출신으로 컴맹 수준이었다. 컴맹

이 컴퓨터 회사를 살려냈다.

이것을 어떻게 해석해야 할까? 기업이 위기에 처했을 때 기업 내부에 있던 사람들은 기존의 방식에 더욱 매달리게 된다. 이것을 '능동적 타성'이라고 부른다. 그러나 외부의 시각으로 보면 문제가 쉽게 보인다는 것이다.

기업도 생명체라면 환경에 적응하는 기업만 살아남는다.

"살아남은 종은 가장 위대한 종도, 가장 지능이 높은 종도 아니다. 변화에 적응한 종일뿐이다."

진화론을 제창했던 찰스 다윈의 명언이다.

경제 기업의 한계

인간이 만들어낸 문명, 국가, 기업도 외부와 에너지를 교환하면서 성장하고 발전한다는 측면에서 보면 일종의 살아있는 유기체라고 할 수 있다.

기업의 입장에서 보면 소비자는 외부 에너지원인 셈이다. 그러나 기업은 성장하는 과정에서 구조가 점점 더 복잡해지고 덩치가 커지면서 외부에서 유입되는 에너지보다 사용하는 에너지가 점점 더 많아지거나 외부에서 유입되는 에너지 자체가 고갈되면서 서서히 소멸을 맞게 된다.

: 사회 변화와 기업의 수명 :

기업의 수명이 점점 짧아지고 있다. 맥킨지 보고서에 의하면 1935년에 90년이었던 기업의 평균수명이 20년 후인 1955년에는 45년, 다시 20년 후인 1975년에는 30년, 다시 20년 후인 2005년에는 15년 정도로 짧아졌다.

일본의 경우를 보면 메이지유신 이후에 설립된 일본 500대 기업의 평균수명은 30년이었으나 지금은 절반으로 줄어들었다. 1957년 포춘 지에서 선정한 세계 500대 기업 가운데 지금까지 존재하는 기업은 $\frac{1}{3}$에 불과하다.

세계적으로 보면 200년이 넘는 역사를 가진 기업은 5,500개 정도이며 일본에 가장 많다. 일본에는 1000년이 넘는 기업도 7개나 되었다. 우리나라는 산업의 역사가 짧기도 하지만 100년이 넘는 역사를 가진 기업은 두산과 동화약품 단 두 곳이다. 통계청에 의하면 우리나라 기업의 평균수명은 23.9년이며 1960년대 이후 우리나라에서 설립된 기업들 중 50년 후까지 살아남은 기업은 10여 개에 불과하다.

그나마 최근의 실적은 더욱 악화되어 신설 기업의 40%는 5년을 버티지 못하고 문을 닫는다. 기업은 사회라는 생태계에 뿌리박고 있는 일종의 유기체여서 사회의 변화가 빠르면 빠를수록 이에 대한 적응이 어려워지기 때문에 기업의 수명이 빠르게 단축되고 있는 것이다.

그중 가장 중요한 변수가 기술이다. 기술의 경우를 보자. IT 분야라면 지금의 첨단 기술도 2~3년이면 낡은 기술이 되고 만다. 새로운 기술이 등장하면 낡은 기술에 의존하고 있는 기업은 한순간에 도태될 수밖에 없다.

세계 최장수 기록으로 남은 기업은 일본의 곤고구미 건설회사로 1428년 동안 존속했다. 이 기업은 일본 오사카에 사찰四天王寺을 짓기 위해 일본으로 건너간 백제의 기술자 유중광 등이 세운 건설회사로 사찰 건축과 보수를 전문으로 하는 기업이었다. 일본 나라현에 있는 세계에서 가장 오래된 목조건축물인 호류지法隆寺 오층탑과 오사카 성도 이들의 작품이다.

곤고구미는 대대로 가업을 이어받아 1000년이 넘는 세월 동안 명맥을 유지했으나 사찰 건축의 한계를 뛰어넘으려고 1980년대에 부동산 투자와 아파트 건설 등으로 눈을 돌렸다. 그러다가 90년대에 들어 부동산 거품이 꺼지면서 부채를 감당할 수 없어 문을 닫았다. 이른바 변신에 실패한 경우일 것이다.

장수기업은 다음 세 가지 경우 중 하나에 속한다. 첫째, 곤고구미 건설처럼 한 우물을 깊이 파는 경우이며 둘째, 시의적절한 변신을 하는 경우이며 셋째, 인프라 사업에 종사하는 기업이다.

우리나라에서 100년이 넘는 역사를 가진 동화약품은 지금까지 '제약'이라는 한우물만 판 사례이다. 우리에게 친근한 소화제 부채표 활명수는 동화약품의 역사 100년을 함께했다. 반면 시의적절한 변신에 성공한 사례로는 두산이 꼽힌다. 두산은 처음 동대문시장에서 문을 연 포목점 '박승직 상점'이 기원이다. 그러다가 해방 이후에는 맥주, 건설, 식품, 무역 등으로 운신의 폭을 넓혔다. 소비재, 음료, 주류 등으로 성공적인 변신을 한 것이다. 그러다가 창립 100주년을 기해 소비재, 음료, 주류 분야에서 손을 떼고 중공업으로 눈을 돌려 다시 한 번 화려한 변신에 성공했다.

사실 동화약품과 두산은 1년 차이로 두산의 창업이 빨랐다, 두산이 1896년, 동화약품이 1897년이다. 그럼에도 국내의 여러 평가기관들이 동화약품을 최장수 기업으로 꼽는 이유는 바로 한우물만 판 일편단심을 높게 평가하기 때문이다.

일본의 경우 변신에 성공한 경우로는 혼다를 들고 변신에 실패한 경우로는 소니를 든다. 혼다는 처음 오토바이를 만들기 시작한 기업으로 기존에 자동차를 만들던 도요다 등과는 비교가 되지 않는 조그만 기업이었다. 그러나 오토바이 사업의 성공을 바탕으로 이제는 자동차, 소형제트기 사업에까지 진출했다.

이에 비해 전자회사로 성공한 소니는 전자와 예술을 결합한 미래의 기업으로 화려한 변신을 시도했다. 워크맨과 CD 등을 성공적으로 내놓았고 콜롬비아영화사를 인수하는 등 초기에 성공을 거두는 듯 했으나 외도를 하는 동안 본업인 전자마저 한국의 후발들에게 자리를 빼앗긴 경우이다. 디지털화의 흐름을 깨닫지 못한 것도 패인 중 하나일 것이다.

여기서 시의적절한 변신과 문어발식 경영을 짚어보는 것이 좋을

듯하다. 시의적절한 변신이란 지금의 사업과 관련이 있느냐 없느냐의 문제가 아니라 경영철학의 문제이다. 경영자가 긴 안목으로 비전을 구상하고 이를 바탕으로 차근차근 접근하는 것은 변신에 해당되지만 이런 철학이 없이 무엇이든 돈이 된다 싶으면 무작정 뛰어드는 것은 문어발식 경영에 속한다.

우리나라에도 몰락하는 기업의 대부분이 이에 해당된다. 예를 들면 이름을 겨우 알 수 있을 정도의 회사도 내부를 들여다보면 이미 원칙 없이 확장한 계열사가 10개 정도 되는 것이 보통이다.

문어발식으로 여러 분야에 손을 대다가 몰락한 대표적인 경우는 일본 세이브그룹이다.

세이브그룹은 철도, 택배, 부동산개발, 호텔, 경륜장, 프로야구, 골프장, 스키장 등 100여 개의 기업을 문어발처럼 거느렸다가 몰락한 경우이다. 쓰쓰미 요시아키 회장은 한때 자산 규모 3조 엔으로 세계 최고의 갑부에 오르기도 했다. 그는 미국 대통령이 타는 것과 동일한 기종의 헬기를 타고 다녔지만 지나친 문어발 경영과 가족경영으로 몰락의 길을 걸어야 했다.

우리나라의 문어발식 기업은 창업 2세들에서 많이 발견된다. 선대로부터 기업을 물려받은 2세들은 '2세 콤플렉스'가 있다고 한다. 선대보다 더 잘하겠다는 강박관념인 것이다. 이 때문에 분야를 가리지 않고 무리하게 여러 분야에 손을 뻗다가 몰락하는 경우가 가장 많다.

마지막으로 장수하는 기업의 유형 중에는 인프라 사업에 종사하는 기업이 많다. 일본 최고의 부자로 꼽히는 손정의 씨의 경우가 그러하다. 그가 하는 사업은 정보산업의 인프라사업이다. 그는 인프라를 고속도로에 비유하고 있다. 자동차 회사는 망해도 고속도로에는 늘 새로운 자동차가 다닌다는 것이다. 마찬가지로 소프트웨어 업체는 언제든 망할 수 있지만 소프트웨어를 유통시키는 인프라 기업은 망하지 않는다는 주장이다.

그의 인프라에 대한 열망은 인터넷 기업에 대한 투자로 이어졌다. IT 전시 전문업체인 컴덱스의 인수를 시작으로 지프데이비스 커뮤니케이션, 야후 등을 연이어 인수했다. 전 세계에서 인터넷 트래픽이 많은 순서로 줄지어 놓으면 그중 $\frac{1}{3}$은 소프트뱅크 그룹의 계열사일 정도다.

야후재팬도 미리 그 가능성을 알아본 손정의 씨가 헐값에 사들인 기업이었다. 지금은 이 기업의 주가가 많이 떨어졌지만 전성기에는 야후재팬의 주가가 1조 엔을 돌파했다. 그것으로 그는 일본 제일의 부자로 떠오를 수 있었던 것이다.

그가 야구단을 인수한 것도 적자에 허덕이던 구단을 사들여 이를 무선인터넷과 연결시키겠다는 생각에서였다. 휴대폰을 통해 투수 교체 의견 등 야구팬들의 의견을 집계하고 이를 야구장의 대형전광판에 내보이고 인터넷방송을 통해 실시간으로 생중계하여 시청자가 원하는 카메라를 선택할 수 있도록 하겠다는 것이었다.

멋쟁이 아가씨들의 굽 높은 하이힐 구두를 보면 참 예쁘다는 생각이 든다. 그냥 예쁘기만 한 것이 아니라 인생사의 궤적을 닮은 것 같아 더욱 흥미롭다. 생명을 가진 모든 것에는 시작과 끝이 있다. 계절로 치면 봄, 여름, 가을, 겨울이 여기에 해당되고 사람으로 치면 소년기, 청년기, 장년기를 거쳐 노년기로 접어든다. 그 흐름이 하이힐의 모습을 빼닮았다. 이것이 성장곡선이다. 아이들 놀이터에 있는 미끄럼틀과도 흡사하다.

성장곡선에서 사춘기까지의 소년기를 느린 시작단계slow beginning, 청년기를 빠른 가속단계speed acceleration, 장년기를 고지단계plateau 라고 부른다. 생명주기 곡선을 그래프로 그리면 영문 대문자 'S'를 오른쪽으로 비스듬하게 눕혀 놓은 형태를 보인다고 해서 S곡선, 혹은 시그모이드 곡선Sigmoid Curve이라고 부른다. 사람이나 상품 모두 이러한 패턴을 그리면서 성장한다.

컴퓨터의 성장 과정을 보자. 1946년 세계 최초의 진공관 컴퓨터 애니악이 등장했을 때 사람들은 그게 무얼 하는지 잘 알지 못했다. 그러나 초기의 애니악은 진공관을 사용하는 컴퓨터로 성능은 지금 우리가 사용하는 PC의 반에 반에도 미치지 못했다.

그러다가 반도체가 진공관을 대체하면서 컴퓨터는 빠르게 성장했다. 반도체 용량이 18개월마다 2배씩 늘어나면서 컴퓨터의 성능 역시 빠르게 향상되었다. 처음 단순 계산이나 하던 컴퓨터가 이제는 인간의 생각이나 판단을 대신할 정도로 발전했다. 환자의 상태를 컴퓨터가 진찰을 하고 컴퓨터의 지시대로 움직이는 인공로봇이 수술을 하는 광경은 이제 뉴스의 대상도 아니다. 비행기를 설계할 때 필요한 성능만 입력하면 컴퓨터가 알아서 비행기를 설계할 수도 있을 거라는 이야기다. 이제 진공관 컴퓨터는 박물관에서나 볼 수 있을 뿐이다.

그러나 모든 기술이나 상품이 이런 과정을 거치는 것은 아니다. 성장 초기와 후기에 도사리고 있는 두 번의 함정을 벗어나야만 정상적인 성장 과정을 마칠 수 있다. 성장 초기에 도사리고 있는 함정을 '특이점'이라고 부르고 성장 후기에 숨어 있는 함정을 '변곡점'이라고 부른다.

1990년대 초반까지만 해도 가장 많이 주고받는 선물이 CD였다. 그러나 이 기술은 꽃을 피우기도 전에 사라지고 말았다. 소니의 베타막스 비디오 기술이 그러했고 폴라로이드 사진 기술이 그러했다. 즉석 사진기술인 폴라로이드, 전화접속 인터넷 기술, 플로피디스크 등이 모두 반짝 하다가 사라진 기술들이다.

특이점singular point이라는 용어는 과학, 기술 분야에서 사용되던 것을 수학이나 경영학에서 차용하여 쓴 개념이다. 기술의 경우 지금까지 없었던 전혀 새로운 기술이 등장하고 나서 어느 정도 시간이 지나면 두 개의 갈림길이 나타난다. 하나는 빠르게 성장하여 세상을 바꾸거나 아니면 꽃을 피우기 직전에 사라지는 경우이다. 이 점이 특이점이다.

특이점이라는 이름이 붙은 이유는 이 점을 통과하고 나면 이전의 상태로 돌아가는 것이 불가능하기 때문이었다. 지금 우리가 컴퓨터나 휴대폰 없는 시대로 돌아가는 것이 불가능한 것과 마찬가지다.

특이점은 사람으로 치면 사춘기에 해당된다. 소년기에서 청년기로 넘어가기 직전에 잠시 호흡을 가다듬는 쉼 점이 특이점이다. 특이점에서는 성장통을 겪는 것이 보통이다. 아이들이 10세 전후가 되면 무릎, 허벅지, 발목 등에서 가벼운 통증을 느끼는 경우가 많다. 아이들의 성장에 비해 근육이 미처 뒤따르지 못하기 때문에 일어나는 현상이다.

아이들이 자라는 동안 사춘기가 중요하듯이 기업의 발전 과정에서도 특이점이 아주 중요하다. 그 점이 성장이냐 소멸이냐의 갈림길이기 때문이다. 이 점을 성공적으로 넘어서면 빠른 성장단계로 이어진다. 그러나 많은 기술이나 기업들이 이 점에서 몰락의 길을 가게 된다.

여기서 소라껍질이론 혹은 오스본 증후군이 나온다. 바닷가에서 태어난 어린 게들은 소라껍질 속에 자신의 몸을 숨긴다. 그러다가 몸집이 커지면 좀 더 큰 소라껍질을 찾아 나선다. 이때가 특이점을 지나는 시점이며 소라껍질이론이라고도 불린다. 기업으로 말하면 몸집을 불리기 시작하는 시점이다. 그러나 더 크고 안전한 소라껍질을 찾아다니는 동안에 천적의 먹이가 되기 십상이다. 바닷새들은 이 시기를 기다리고 있다. 이때가 특이점이다.

특이점에서 겪는 성장통을 오스본 증후군이라고도 부른다. 이 용어는 1980년에 휴대용 컴퓨터 시장에 혜성처럼 나타났던 기업 '오스본 컴퓨터'에서 비롯되었다. 처음 노트북 컴퓨터를 만들어 시장에 내놓자 밀리는 주문을 감당할 수 없을 정도로 인기가 높았다. 지금으로 보면 데스크탑 컴퓨터와 포터블의 중간 정도의 개념이었다.

오스본은 창업 2년 만에 매출 1억 달러를 기록할 정도로 빠르게 성장했지만 3년째를 맞아 갑자기 파산하고 말았다. 오스본 컴퓨터가 인기를 끌자 후발 경쟁자들이 무서운 속도로 추격해왔고, 오스본은 좀 더 나은 성능의 컴퓨터를 좀 더 빨리 만들어가지 않으면 안 되었다. 다급해진 나머지 오스본은 아직 실험실에 있는 제품을 광고하기 시작했다.

그러자 소비자들은 다음 기종을 기다리느라 일체의 구매를 중단해 버렸다. 그러자 현금 흐름이 막혀 현금이 바닥나 버렸고, 오스본은 마침내 흑자 도산을 맞고 말았다. 특이점의 함정에 빠진 사례일 것이다.

일본 샤프의 경우도 오스본 증후군의 희생자였다. 샤프_{sharp}는 '날카롭다'는 회사의 이미지처럼 아이디어가 좋은 기업으로 유명하다. 우리가 일상적으로 사용하는 샤프펜슬이 바로 그 회사의 상품이다. 미국에서 발명된 전자레인지를 최초로 일본에 도입한 것도 그들이었다.

처음 개발된 전자레인지는 요즘의 대형냉장고 크기였다. 이것을 지금의 크기로 축소하여 리모델링한 기업이 샤프였다. 샤프는 가정

보급형 전자레인지를 출시하면서 이의 사용법 홍보가 성공의 관건이라고 생각했다. 샤프는 불이 아닌, 고주파의 원리로 요리가 되는 과정을 소비자들에게 설명하느라 많은 시간을 허비했다.

여기에 응용모방의 귀재 마쓰시다가 등장했다. 마쓰시다는 샤프가 내놓은 복잡한 상품을 단추 몇 개로 쉽게 조작할 수 있도록 만들었다. 만두는 3분, 덥힘 1분 하는 식이었다. 그리고는 대대적인 광고를 앞세워 판매에 들어갔다.

그것으로 마쓰시다는 일본 시장에서 전자레인지의 원조가 되었다. 샤프로서는 뼈아픈 실패였다. 소비자는 이론보다 간단한 것을 좋아한다. 그후 샤프는 더 이상 이론이 어려운 상품은 만들지 않았다고 한다.

특이점은 보통 성장 잠재력의 10%대에서 나타난다. 하나의 기술이나 상품이 나타나 잠재 소비자의 10% 정도가 구매하는 시점을 의미한다. 개별 기업으로 치면 대략 손익분기점으로 보면 된다. 보통 성장 잠재력의 10%대를 넘는 순간부터 순익이 발생하기 때문이다.

벤처기업 하나가 태어났다고 해보자. 처음 1~2년 정도는 매출을 올려도 이익은 하나도 남지 않는다. 그러다가 손익이 zero(0)가 되는 시점이 대략 10%대다. 곧 이 기업은 손익분기점 매출에서 대략 10배 정도의 성장 잠재력을 남겨 두고 있다는 이야기다. 그러나 성장 초기의 기업이 3년 이상 정체에 빠져 있다면 특이점의 함정으로 볼 수 있다.

다시 3, 4년이 되면 매출은 50억 선, 순익은 10억 정도가 남는다. 5,

6년이 되면 매출은 200억 선, 순익은 40억 선이 된다. 주식시장에서도 장기투자를 하는 사람들에게는 이제 막 10%대의 변곡점에 들어선 기업, 혹은 10%대 진입이 확실한 주식을 찾아내는 일이다. 어느 신생기업이 3년 만에 손익분기점에 이르렀다면 앞으로 3년 동안에 7, 8배의 성장여력을 남겨 두고 있다. 이것이 투자의 노하우다.

시기적으로 보면 대개 창업 3년 정도가 특이점에 해당된다. 여기서 많은 기업들이 좌절하는 것이다. 보통 창업 5년 이후까지 살아남는 경우를 성공적인 창업으로 분류한다.

미국 실리콘밸리에는 2008년에 'Singularity University'라는 이름의 아주 특이한 대학 하나가 문을 열었다. 미국 우주항공국과 구글이 후원하는 '특이점 대학'이다. 이 대학은 미국의 미래학자이자 《특이점이 온다》의 저자 레이 커즈와일이 세운 대학이다.

이 대학에서는 미래에 인류를 바꿀 새로운 기술을 가르치는 곳이다. 여기서 지향하는 목표는 '10' 프로젝트로 불린다. 10, 즉 10억 명의 사람들에게 영향을 끼칠 기술을 찾아 내는 일이다. 이 대학의 설립자인 레이 커즈와일은 유전자 공학, 나노기술, 로봇 공학 분야에서 획기적인 기술이 나올 수 있을 것으로 전망하고 있다.

• • •

기업도 상품도 특이점을 지나기가 가장 어렵다. 특이점 통과는 우주선 발사에 비유된다. 우주선은 보통 3단로켓으로 구성되어 있다.

1, 2단로켓은 우주선을 중력권 밖으로 들어 올리는 역할을 한다. 일단 1단로켓이 점화되면 1단로켓은 3, 4분 동안 불타면서 시속 2만 km, 비행고도 122km에 올려놓고는 우주선으로부터 분리되어 바다로 떨어진다. 그러나 이것으로 중력권을 완전히 벗어난 것은 아니다. 다시 한 번의 추진력이 있어야 중력권을 벗어날 수 있다.

여기서 다시 2단로켓이 성공적으로 점화되면 11분 동안 불타면서 위성을 지구궤도에 올려놓게 된다. 일단 중력권을 벗어난 우주선은 남은 3단로켓 하나의 추진력으로 우주를 여행한다. 1단로켓을 분리해내고 2단로켓을 점화시키는 시점이 특이점이다. 이 연결과정이 매끄럽지 못하면 우주선은 바다로 추락하고 만다. 곧 새로운 기술이나 상품이 성공적으로 시장에 진입하기 위해서는 두 번의 추진력이 필요하다는 이야기다.

특이점을 지나면 '대도약기'로 진입한다. 미래학자 앨빈 토플러는 그의 저서 《제3의 물결》에서 인류 역사상 3번의 대도약이 있었다고 적고 있다. 그 첫 번째가 농업혁명이었고 그다음이 18세기의 산업혁명, 그다음이 20세기에 우리가 맞는 정보화혁명이었다.

인류는 현존 인류의 조상이 되는 호모 사피엔스로부터 대략 10만 년 정도의 역사를 가지고 있다. 10만 년 중에서 인류는 9만 년 동안은 물고기를 잡고 나무 열매를 따고 동물을 사냥하는 수렵, 채취생활을 했다. 그러다가 1만 년 전에 농사짓는 방법을 터득하면서 정착생활을 하게 되었고, 18세기에 산업혁명을 이루었으며, 20세기 끝무렵에 정보화혁명을 맞았다. 이 세 번의 대도약을 전후하여 인류의 삶은 획기적으로 변화되었다.

도약기를 넘을 때마다 지구촌의 인구도 급격히 증가했다. 농업혁명 이전까지 지구촌의 인구 증가율은 100년에 0.1% 정도였다. 그러던 것이 신석기와 농업혁명을 거치면서 인구 증가율은 100년에 5.3%로 높아졌고 산업혁명 이후의 지구촌 인구는 100년마다 2배 이상으로 증가했다. 기원 1세기, 그러니까 예수가 활동하던 당시의 지구촌 인구는 2억 5천만 명, 맬서스가 인구과잉을 걱정하던 18세기의 인구가 8억 명 정도였다. 그러던 것이 산업혁명을 기점으로 지구촌 인구가 폭발하여 지금은 70억을 돌파했다.

: 새로운 동력을 얻어라, '변곡점' :

성장기는 전기와 후기로 나누어진다. 전반기의 빠른 성장속도는 후반기에 들어 서서히 느려지다가 정체기를 맞는다. 성장속도가 느려지면서 정체기가 시작되기 직전이 '변곡점Saddle Point'이다. 특이점이 소년기에서 청년기로 넘어가는 사춘기에 해당된다면 변곡점은 장년기에서 노년기로 넘어가는 갱년기에 해당된다. 성장곡선을 미분할 경우 접선의 기울기가 45°에서 0°를 향해 나아가는 중간 지점에 위치하고 있다. 여기서 새로운 동력을 얻지 못하면 소멸하고 만다.

고지단계는 다시 두 가지 형태로 나타난다. 뾰족한 산봉우리와 평평한 산봉우리가 그것이다. 뾰족한 봉우리가 정상에 오르자마자 하강곡선을 그리는 경우라면 평평한 봉우리는 고지단계가 한동안 정상을 유지하는 경우이다.

• • •

변곡점에서는 성장세는 다소 주춤하지만 모든 것이 안정된 시기이다. 그러나 많은 기업들이 여기서 좌절한다. 변곡점을 통과하기 위해서는 3단로켓의 점화가 필요하다는 것이다.

워크맨은 20세기 후반의 가장 위대한 상품 중 하나였지만 변곡점에서 디지털시대의 흐름에 동참하지 못하고 사라진 경우이다. 이것이 변곡점의 함정이다.

이 시점에서는 새로운 엔진의 점화가 필요하다. 일반적으로 말하자면 자신의 껍질을 깨뜨릴 수 있을 정도의 혁신적인 제품이 나와야 한다. 휴대폰 시장처럼 성장 후반기가 이르기 전에 스마트폰이라는 새로운 동력을 점화시키는 것과 같은 이치이다.

또 변곡점에서는 무수히 많은 가지들이 뻗어 나는 시기이다. 나무가 자라는 과정을 보자. 나무는 처음에는 곧은 직선으로 자라다가 어느 정도 자라면 곁가지가 뻗어 나는 것과 같다. 시장으로 따지자면 업종 세분화가 일어난다는 의미이다.

초기의 컴퓨터 시장은 IBM과 같은 대형업체들이 하드웨어, 마이크로프로세서, 운영체제, 유통에 이르기까지 전 과정을 수직으로 통합하여 운영하고 있었다. 그러다가 반도체 용량이 빠르게 증가하면서 컴퓨터 시장의 무게중심은 서서히 PC 쪽으로 옮겨 갔다. 여기서 본격적으로 시장분화가 일어났다.

여기서 인텔처럼 마이크로프로세서에 집중하는 기업, 마이크로소프트처럼 소프트웨어에 집중하는 기업, 델컴퓨터처럼 판매에 집중하는 기업 등으로 분화되었던 것이다. 변곡점은 기존의 기업에게는 위기지만 신규 참여자들에게는 좋은 기회가 된다.

주식시장에서도 변곡점이 가장 중요하다. 상승세를 종료하고 하락세로 돌아서는 시점을 알고 이에 대처한 사람과 미련을 떨치지 못하고 폭락한 다음에야 허둥대는 사람과는 하늘과 땅의 차이가 난다.

한 주식연구가는 변곡점의 신호를 이렇게 재미있게 정의하고 있었다.

"증시가 악재에는 둔감하고 호재에는 민감하게 반응하는 모습을 보이면 대대적으로 폭락한다."

변곡점이 오는 시기는 대부분 오랜 호황이 이어진 직후인 경우가 많다. 그런 시기에 호재는 더욱 과장하고 싶은 반면 악재는 굳이 인정하기가 싫은 것이 사람의 심리라는 것이다.

이는 기업도 마찬가지다. 기업이 변곡점을 맞는 시기는 대부분 승승장구하고 있을 때다. 그런 시기에 불리한 정보가 있어도 굳이 인정하고 싶지가 않다는 것이다.

： 새로운 질서의 창조, '퀀텀 점프' ：

기술도 도입기, 성장기, 성숙기를 거치며 발전하는 것은 일반 상품과 같으나 첨단 분야에서는 하나의 기술이 성숙기에 이르기 전에 그것을 뛰어넘는 더 진보된 기술이 나타나 이를 무력화시키는 경우가 많다. 말하자면 뒤에 나타난 기술은 앞서의 기술을 창조적으로 파괴하는 형태를 보인다. 이것을 '퀀텀 점프Quantum Jump'라고 부른다.

　퀀텀 점프란 '도약' 또는 '비약적인 발전' 정도의 의미로 사용된다. 퀀텀 점프 이전과 이후는 전혀 다른 세상으로 변한다. 상품으로 말하자면 흑백텔레비전에서 컬러텔레비전으로, 카메라 시장에서 아날로그 방식이 디지털로 변환되는 것이나 80년대의 삐삐에서 휴대폰으로, 스마트폰으로, 아이폰, 아이패드로의 전환이 그러하다.

　퀀텀 점프 역시 물리학에서 나오는 개념이다. 원자 주위에는 질량에 따라 다르지만 몇 개의 전자궤도가 있다. 원자핵이 갖는 전자 수가 2개 이하면 전자궤도가 하나면 족하지만 그 이상이 되면 2 혹은 그 이상의 전자궤도가 필요하다. 전자궤도마다 수용할 수 있는 전자의 개수가 정해져 있기 때문이다(전자궤도별로 수용할 수 있는 전자의 수는 1궤도는 2개, 2궤도는 8개, 3궤도는 18개까지이다. 이를 공식으로 정리하면 $2 \times n^2$으로 표시된다).

　이런 구조의 원자핵에 에너지를 가하면 전자는 1궤도에서 2궤도로, 2궤도에서 3궤도로 뛰어오른다. 이것을 퀀텀 점프라고 한다. 퀀텀 점프 이전과 이후는 물질의 성질 자체가 변한다.

IT기술에서 찾아보자. 1960년대 제1세대 컴퓨터는 데이터 처리가 주목적이었다. 정부의 예산 수립이나 기업의 전산 시스템, 금융기관의 업무 처리를 위해 사용되던 IBM의 메인프레임 컴퓨터가 그것이었다. 말하자면 1세대 컴퓨터는 사람의 수작업을 대신해주는 사무 자동화기기였다.

5.16혁명 직후 경제개발 계획을 수립할 때였다. 이 계획안을 수치로 담아 낼 컴퓨터가 없어서 용산 미군 부대의 컴퓨터를 빌려서 사용했던 일은 지금 생각해보면 실소를 금할 수 없다. 그 당시의 컴퓨터 용량이래야 지금의 PC에도 미치지 못하는 것이었다. 이것이 1세대 컴퓨터였다.

제2세대는 PC시대였다. 2011년에 사망한 귀재 스티브 잡스가 애플2로 PC시대를 열었을 때 컴퓨터 시장의 터줏대감을 자처하던 IBM은 아이들 장난감이라며 비웃었다. 그러나 반도체 용량의 비약적인 발전으로 PC는 IBM의 대형컴퓨터를 대체하기에 이르렀다. IBM이 위기를 맞았던 것도 이 때문이다.

이 PC가 인터넷시대와 맞물리면서 2세대 IT산업의 전성기를 이끌었던 것이다. 메인프레인 컴퓨터가 하드웨어 위주라면 PC는 소프트웨어 위주였다. 이 PC와 인터넷이 맞물리면서 절정을 맞았다.

그러나 이 흐름은 다시 PC시대로 불리는 아이패드와 아이폰으로 이어졌다. 아이패드, 아이폰 모두 IT업계의 귀재 스티브 잡스의 작품이었다. PC가 소프트웨어 위주라면 스마트폰은 모바일 개념과

소프트웨어, 컨텐츠를 더한 개념이다. 그렇다면 앞으로의 PC는 모바일성 결여로 젊은이들 사이에서는 수년 이내에 도태될 것이라는 성급한 전망도 나오고 있는 실정이다. PC뿐 아니라 일반 휴대폰 시장도 빠르게 스마트폰으로 대체될 것이 거의 확실하다. 이런 유형의 발전들이 퀀텀 점프에 해당된다.

이는 사회과학이나 경영학 등에서도 변화와 혁신의 이론으로 받아들여지고 있다. 처음 증기기관차가 등장하면 이는 기존의 이동, 운송 수단을 송두리째 바꿔 버린다. 이는 기존의 시스템을 파괴하는 것이긴 하지만 다시 증기기관차라는 새로운 인프라를 바탕으로 새로운 질서를 찾아간다. 전기나 전화기가 처음 나왔을 때도 마찬가지다. 어느 분야든 획기적인 발전은 기존의 질서를 파괴한 다음에 다시 새로운 질서를 창출해낸다.

• • •

전자계산기의 발달과정을 살펴보자. 이 제품이 처음 나왔을 때 가장 먼저 수용한 사람들은 공학도들이었다. 이것이 첫 번째 성장곡선 S이며, 다음 단계로는 상업용 구매자들에 의해 제2의 성장곡선 S가 형성되고, 마지막으로 일반인들에 의한 세 번째 곡선 S가 형성되었다. 이 3개의 곡선은 좌표상에서는 오른쪽으로 조금씩 이동하여 새로운 흐름을 나타내고 있다. 계열분화이다.

성장곡선 S가 머뭇거리고 있는 동안 제2의 성장곡선 S가 S의 오른

쪽에 형성되어 이어진다. 다시 S곡선의 특이점에서 S 흐름이 형성된 것이다. 전자계산기의 경우 S 시장을 개척한 것은 휴렛패커드였고, 초기 S 시장을 주도한 것은 텍사스 인스트루먼트였다. 그리고 일본의 카시오가 다시 S 시장을 장악했다. 한 기업이 이의 흐름을 지속적으로 주도할 수 있으려면 하향 추세가 나타나기 이전에 새로운 S커브를 발진시켜 새로운 동력을 만들어가야 한다. 많은 기업들이 여기서 실패를 한다.

기업들이 새로운 동력을 찾아나서는 시점이 하향곡선을 그리기 시작하는 시점이 아니라 성장이 둔화되기 시작하는 시점이다. 이를 미분방정식으로 풀었을 때 접선의 기울기가 45°도 이하로 빠르게 기울기 시작하는 시점이 새로운 동력을 창출할 시기라는 점이다. 휴렛패커드나 텍사스 인스트루먼트는 모두 특이점에서 흐름을 놓친 사례이다.

휴렛패커드가 S 시장을 계속해서 주도할 수는 없었을까? 불가능은 아니지만 그것은 '나' 자신을 파괴해야 한다. '나'를 정상에 올려준 핵심 제품을 내 손으로 무화시켜야만 가능한 일이다.

정상에 선 기업들은 늘 수많은 후발 추격자들이 노리고 있다. 여기서 자신이 자신의 경쟁자가 되어 스스로를 무너뜨릴 수 있는 역량을 축적해야만 진정한 강자라는 것이다. 그것으로 제2, 3의 성장곡선 S를 발진시킬 수 있는 기업이 장수 기업이다.

1912년 경제학자 슘페터는 기업의 이윤은 기업가의 혁신에서 발생하는 것이라고 설명하면서 '창조적 파괴creative destruction'라는 용어를 처음 사용했다. 슘페터에 의하면 자본주의 사회가 지속적으로 발전되고 유지될 수 있는 것은 기존의 성공을 가져다 준 기술에 안주하지 않고 전혀 새로운 기술에 도전하는 혁신을 통해 창조적 파괴가 일어나기 때문이라고 말한다.

노키아가 자신의 아날로그 휴대폰 시장을 스스로 무너뜨리고 스마트폰 시장을 선도했다면, 코닥이 자신의 아날로그 필름을 무력화시킬 수 있는 디지털 카메라 시장을 선도했더라면 간판을 내려야 하는 치욕까지는 당하지 않았을 것이다.

그러나 모든 혁신이 꼭 창조적 파괴여야만 하는 것은 아니다. 근래 혁신기업의 사례로는 애플과 구글을 들 수 있다. 파산상태의 애플을 살린 것도 혁신이었고 구글이 야후를 제친 것도 혁신이었다. 그러나 그 혁신에는 새로운 첨단 기술이나 서비스가 담겨 있지도 않았다. 기존의 기술과 서비스를 새로운 개념, 새로운 형태로 가공한 것에 지나지 않는다.

포화상태의 MP3 시장에 애플이 아이팟을 가지고 뛰어든 것은 기기와 디지털 음원을 결합한 것에 지나지 않는다. 아이폰도 마찬가지다. 아이폰을 휴대폰으로 생각한다면 성능이 한참 뒤지는 제품이지만 휴대폰에다 컴퓨터의 재미를 결합시킨 것에 불과하다. 휴대폰 개념을 파괴하면서 컴퓨터와 게임, 사진, MP3를 결합한 것이 아이폰이었다. 혁신의 출발은 덧셈, 뺄셈이라는 것이다.

· · ·

하버드 대학의 진화생물학자 스티븐 제이 굴드는 물리학뿐 아니라 생물의 진화에 있어서도 퀀텀 점프 현상이 나타난다며 '단속평형 이론punctuated equilibrium'을 제시했다. 다윈 이후 대부분의 생물학자들은 생명체가 환경에 적응하면서 조금씩 점진적으로 진화했다고 믿어 왔다. 그러나 이 이론의 최대 약점은 화석 증거가 부족하다는 점이다. 수많은 화석이 나왔지만 진화 중간 단계의 화석은 여간해서 발견되지 않고 있다. 이런 문제에 대해 해답을 제시한 이론이 바로 '단속평형이론'이다. 단속평형이론은 생물학적인 퀀텀점프이론인 셈이다.

굴드에 의하면 생물은 생태계가 안정된 평형 상태에서는 오랫동안 거의 진화하지 않다가 환경이 변화하면 갑작스럽게 형태의 변이나 종의 분화가 일어난다고 한다. 빙하기나 운석 충돌과 같이 평형 상태가 깨지는 변화가 일어나면 순식간에 진화하거나 소멸한다는 것이다.

실제로 진화의 역사에서는 그런 사건이 자주 있었다. 지구의 생명체는 30억 년 동안 단세포 생물로 존재해오다가 5억 7천만 년 전 대빙하기가 끝나면서 어류를 중심으로 많은 고등생명체들이 출현했다. 그 이전까지 숨을 죽이듯 가만히 있다가 이때 갑자기 헤아릴 수 없는 고등생명체가 순식간에 태어난 것이다.

: 몰락의 징후들 :

《위대한 기업들은 왜 몰락하는가》를 쓴 짐 콜린스는 위대한 기업들이 몰락하는 것의 첫 단계를 '자만'으로 보고 있다. 자만에서 원칙 없는 욕심단계를 거쳐 서서히 위기를 맞게 된다고 지적하고 있다.

첫째, 자만은 성공의 함정이며 승자의 저주이다. 성공한 기업 대부분은 자신들의 성공을 아주 특별한 것으로 간주한다. 같은 일을 해도 성공하는 사람과 실패하는 사람이 있게 마련이다. 여기에는 운, 기회, 타이밍 같은 요소들도 숨어 있다. 그러나 성공한 사람들은 자신의 노력만을 과대평가하게 된다는 것이다. 여기서 자만이 생긴다.

특히 성공한 오너 기업인이 경영자로 앉아 있을 때는 성공신화는 더욱 증폭되어 다른 이야기는 꺼낼 수도 없는 분위기가 되어 버린다. 이것이 몰락으로 이어지는 첫 번째 단계이다. 90년대에 아날로그 휴대폰으로 일어섰던 모토롤라는 기술의 흐름이 디지털로 이동하고 있다는 것을 알았지만 아무도 그것을 이야기할 수 없는 분위기였다. 이는 일본의 소니도 마찬가지였다.

짐 콜린스가 지적하는 두 번째 단계는 원칙 없는 욕심단계이다. 성공에 도취된 기업들은 자신들이 모든 것을 할 수 있을 거라는 착각에 빠지게 된다. 첫 번째 성공에 안주하는 기업도 위험하지만 이렇게 원칙 없는 욕심을 부리는 기업은 훨씬 더 빨리, 확실하게 몰락한다.

미국의 생활용품 제조사인 리버메이드는 한때 포춘Fortune지의 '올해의 가장 존경받은 기업America's Most Admired Company' 리스트 1위까지 오르기도 하는 등 우수한 성과를 거뒀지만 무리한 욕심을 내다가 이름도 알려지지 않았던 회사에 의해 인수 합병되었다.

이 회사의 최고경영자였던 볼프강 슈미트는 직원들 사이에 모든 주제에 대해 모든 것을 알고 있는 사람으로 통했다. 자신의 능력을 지나치게 과신한 나머지 즉석에서 모든 것을 결정하다가 뉴웰에 의해 몇 년 후 인수되고 말았다.

우리나라 기업들이 몰락하는 것도 대부분 원칙 없는 욕심 때문이다. 우리가 이름을 알 수 있을 정도 기업의 내부를 들여다보면 이미 10여 개의 계열사를 거느리고 있는 것이 보통이다. 그것도 본업과는 거의 상관없는 분야들이다. 건설, 유통, 금융, 레저 분야로 사업을 무리하게 확장시키다가 몰락하는 경우가 대부분이었다.

짐 콜린스가 지적하는 세 번째 단계는 위기를 부정하는 단계이다. 내부적으로는 이런 저런 경고음이 들리고 빨간불이 들어오지만 아직은 외부적인 성과가 그런대로 괜찮기 때문에 위기의 징후를 무시하게 된다. 설사 성과가 나빠도 이는 내부의 문제가 아니라 경기나 정부의 정책 혹은 경쟁자의 과도한 제 살 깎기 때문으로 돌리는 단계이다. 이 단계에서는 서서히 분식회계도 등장하게 된다. 1980년대의 IBM이 그러했다.

네 번째 단계가 되면 구원을 찾아 헤맨다고 짐 콜린스는 지적한다. 여기서 찾는 것이 드라마와 같은 문제 해결책이다. 공전의 히트를 기록한 제품이나 묘안을 찾는 것이다. 1998년 모토로라는 기울어가는 사세를 반전시키기 위해 제너널 인스트루먼트를 인수했으나 흐름을 되돌리지는 못했다.

마지막 단계가 소멸의 단계이다. 이 단계에서는 거의 모든 회생의 노력을 포기하고 경영진이 물러나면서 한때의 기업으로 전락하게 된다.

이 다섯 단계는 기업에 따라 아주 오랜 시간이 걸리기도 하지만 불과 한두 해에 다섯 단계를 모두 거치면서 사라지기도 한다.

• • •

월가의 투자 전문가인 탈레브는 《검은 백조》라는 제목의 책에서 현대사회의 의외성에 대해 적고 있다. 백조는 우리 모두가 알고 있듯이 아름다운 흰색 깃털을 가지고 있다. 여기에 의외성이라고 불릴 만한 검은 날개의 백조가 나타난 것이다. 여기서 조금 어려운 수학 이야기를 해보자.

동전을 10번 던질 때 9번 모두 앞면이 나왔다. 그렇다면 10번째 시도에서도 앞면이 나올 확률은 얼마인가? 이 문제는 치열한 토론이 있어야 한다. 그래도 결론이 없기는 마찬가지다.

정규분포를 의미하는 가우시안 이론에서는 동전을 몇 번 던지든 앞면이 나올 확률은 언제나 $\frac{1}{2}$이다. 따라서 10번째 던진 동전도 앞면이 나올 확률은 정확히 $\frac{1}{2}$이 된다는 주장이다.

그러나 확률 이론으로 가면 이야기가 달라진다. 동전을 던졌을 때 앞면이 나올 확률은 $\frac{1}{2}$, 9번 연속해서 앞면이 나올 확률은 $(\frac{1}{2})^9$인 $\frac{1}{512}$이 된다. 따라서 10번째에도 앞면이 나올 확률은 $(\frac{1}{2})^{10}$인 $\frac{1}{1024}$이 된다는 것이다.

10번 모두 앞면이 나올 확률은 아주 낮지만 검은 백조 이야기를 쓴 니콜라스 탈레브에 의하면 복잡해진 현대사회에서는 의외로 극단적인 확률이 나타날 가능성이 아주 높다는 것이다.

정상에 선 기업이 있다고 하자. 마이크로소프트도 좋고 애플도 좋고 삼성도 좋다. 모든 가능성을 확률적으로 따져보아도 이들이 몰락할 가능성은 아주 낮아 보인다. 마치 10번째 주사위에서도 앞면이 나올 확률이 아주 낮은 것처럼 말이다. 그러나 복잡해진 현실 세계에서는 그 확률이 아주 높을 수 있다는 것이다. 예를 들면 10년 전에 소니의 몰락을 점칠 수 있는 확률은 거의 없었다는 이야기다. 결론은 사회가 복잡해질수록 의외성이 급격히 높아진다는 것이다.

탈레브는 레바논 내전과 미국의 금융위기를 겪으면서 검은 백조는 구조가 복잡하고 변화의 속도가 빠른 현대사회에서는 언제든 나타날 수 있다고 주장하고 있다. 검은 백조의 출현은 알기도 어렵지만 설사 알았다고 하더라도 막을 수 없다는 주장이다. 확률이 낮은 가능성에 모두 대비하려면 기업 혹은 국가는 가진 모든 역량을 다 동원해도 충분하지 않다.

그것은 곧 기업이나 제국은 필연적으로 몰락할 수밖에 없다는 것이다.

요즘 경영학에서도 '갈라파고스 현상'이라는 단어가 유행하고 있다. 외부와 단절된 채로 좁은 환경에서 기업활동을 하는 폐쇄적인 일본 기업들을 가리키는 말이다. 일본 기업들이 자국 소비자들의 기호에 맞추어 기술과 서비스를 발전시키는 동안에 세계 시장의 표준과는 거리가 멀어지면서 고립된 것이다. 특히 일본의 IT 기업들이 폐쇄적으로 시장을 운영한 것이 한국에 주도권을 내준 원인이라는 이야기다.

이런 갈라파고스 현상을 두고 일본인들은 '잘라파고스 현상 Jalapagos Syndrom'이라고 부른다. 잘라파고스란 갈라파고스의 첫 알파벳 G대신에 일본을 의미하는 Japan의 'J'자를 덧붙인 합성어이다. 일본 기업들이 추락하는 것을 두고 자조하는 말이다.

갈라파고스 현상이 나타나기 위해서는 우선 한정된 좁은 영역에서 살 수 있는 생존여건이 되어야 한다. 갈라파고스 섬의 핀치새들은 굳이 다른 섬으로 이동하지 않아도 충분히 먹이를 구할 수 있었기 때문에 좁은 섬에서 독자적인 진화를 할 수 있었다. 일본의 경우 인구 1억이 넘는 시장으로 인해 독자적인 생존이 가능하다고 믿고 일본 소비자들의 독특한 기호에 맞추었던 것이 고립을 자초한 격이 되고 말았다.

일본 기업들이 독특한 자국 소비자들의 취향에 맞춰 기술과 서비스를 개발하다 보니 세계 시장의 욕구와 국제표준 global standard 을 벗어나게 되었고 결국 세계 시장에서 고립되어 세계 시장 진출이 막히고 나아가 일본 내수 시장마저 위기에 처해 있다.

실제로 삼성의 애니콜 휴대폰을 가지고 일본 소니의 에릭슨 휴대폰으로 문자를 보내면 문자가 뜨지 않는다. 외국 기업들의 자국시장 상륙을 막기 위해 호환성을 차단한 것이다. 그러나 그것이 오히려 일본 기업들의 세계 시장 진출을 막는 꼴이 되고 말았다. 이것을 경영학의 '갈라파고스 현상'이라고 부른다.

: 성장의 한계 극복, '창조적 파괴와 함정 피하기' :

세상에 영원한 강자는 없다. 우리가 난공불락쯤으로 알고 있는 마이크로소프트도 지난 몇 년 동안 급변하는 환경변화에 잘 적응하지 못하고 허둥대고 있는 모습이 확연하다. 초기의 마이크로소프트는 PC 시장의 급성장과 소프트웨어의 업그레이드로 연 40%에 가까운 성장을 거듭할 수 있었다. 그러다가 PC 시장이 한계에 이르자 성장률은 10% 선으로 떨어졌다.

마이크로소프트의 윈도우즈와 오피스가 강력한 도전을 받고 있으며 역시 마이크로소프트의 검색엔진 익스플로러의 시장점유율은 50% 이하로 떨어졌다. 더구나 '윈도폰'의 점유율은 고작 1%에 그치고 있다.

마이크로소프트는 또 웹브라우저 시장과 검색엔진 시장을 과소평가하는 실수도 저질렀다. 그러다가 네스케이프가 빠르게 시장을 키워 가자 익스플로러를 개발하여 윈도우즈에 끼워 팔았다. 이것이 각국으로부터 공정거래법 위반으로 피소되어 천문학적인 벌금을 물어야 했다.

마이크로소프트는 짜투리 시장 정도로 여겼던 검색엔진 시장에서 구글이 무서운 속도로 추격하기 시작했다. 마이크로소프트도 뒤늦게 이 시장에 뛰어들었으니 검색엔진 시장에서는 이제 더 이상 1위가 아니었다.

마이크로소프트의 소프트웨어에 대한 소비자들의 욕구도 변했다. 이전에는 버전만 업그레이드 시키면 새로운 수요가 창출되었지만 이제는 그보다는 엔터테인먼트와 커뮤니케이션을 더 중시하는 흐름이 되어 버린 것이다. PDA, 스마트폰, 게임기 등 포스트 PC 시장이 더 큰 잠재력을 가지게 된 것이다. 이처럼 시장은 빠르게 변하고 있다.

불과 몇 년 전까지만 해도 온라인 검색 1위를 차지했던 야후도 몰락의 길을 걷고 있다. 1995년 대만계 미국인 체리양이 설립하여 모든 길은 야후로 통한다고 할 정도로 승승장구하던 야후는 구글에게 시장의 선두자리를 빼앗기면서 빠르게 사양길에 접어든 것이다. 한때 젊은이들의 아메리칸 드림의 상징이기도 했던 체리양은 2012년 1월에 야후 이사직과 야후와 관련된 모든 직책에서 물러났다.

게임기 시장의 제왕이었던 일본의 닌텐도도 추락하고 있는 중이다. 전성기 시절이었던 2007년의 닌텐도 주가는 7만 3천 엔으로 시가총액은 삼성과 소니를 능가하는 수준이었지만 지금은 2만 엔 수준으로 추락했다. 게임기 게임에 몰두하다가 스마트폰 등에 자리를 내준 경우이다. 닌텐도의 게임을 하기 위해선 게임기와 게임팩을 구입해야 하는 번거로움과 돈이 들지만 스마트폰 게임은 다운로드만 받으면 그만이기 때문이다. 어느 분야든 빠른 성장 뒤에는 빠른 몰락이 있다는 것이다.

반대로 장수하는 기업들의 특징은 첨단기술 분야가 아니라 middle-low 기술을 가진 기업들이다. 식품, 의류, 가죽, 생활용품 등 한 분야에서만 오랫동안 노하우를 축적한 기업들이 장수한다. 기술이 평준화된 분야, 그것도 의식주 위주의 기업들이 많다.

첨단기술 분야는 더 나은 기술이 등장하는 순간 문을 닫아야 하지만 기술이 별 의미가 없는 분야는 세월이 거듭될수록 노하우가 축적된다. 기술은 모방할 수 있지만 노하우는 모방할 수 있는 게 아니라는 것이다. 대표적인 사례가 콜라, 커피, 의류, 식품, 유럽의 명품류, 일본의 노포(오래된 점포) 등이다.

● ● ●

성장 후기는 모든 것이 안정된 시점이기 때문에 지난날의 성공 방식에 익숙해지고 타성에 젖기 쉽다. 그리하여 크게 성공한 사람일수록 자신의 방식을 고집하게 마련이다. 이것이 승자의 저주이다. 그러나 이것이 화근이 되어 결국 이전의 성공을 무위로 만들게 된다.

대부분의 우량기업들이 몰락하는 것도 기득권에 대한 집착 때문인 것으로 조사되고 있다. 미국의 포브스 지가 선정하는 100대 기업의 평균 수명은 30년 정도이다. 70년 전 처음 랭킹 100대 기업을 선정한 이후 지금까지 랭킹에 들어 있는 기업은 18개에 불과했다. 시장은 그 정도로 역동적으로 변하고 있다는 것이다.

세계 최대의 오프라인 서점 반스&노블 역시 기존의 유통망에 집착하다가 온라인 서점 아마존에 밀려 고전하고 있는 경우이다. 뒤늦게 온라인 시장에 뛰어들었지만 온라인 시장의 흐름은 아마존으로 기울어 있었던 것이다.

자본주의 정신, 특히 기업 정신의 핵심은 오스트리아 경제학자 슘페터가 말한 '창조적 파괴'이다. 시장이 성숙기에 이르기 전에 자신을 포함하여 산업계 전체를 창조적으로 파괴하지 않으면 살아남지 못한다. 자신을 성공으로 이끌었던 방식을 성공한 다음에는 잊어버리라는 것이다. 그것이 기업의 생태계이다.

세계 최초로 휴대용 전화기(휴대폰)를 만들었던 모토로라는 더 참혹하다. 1973년에 처음 휴대전화를 만들었고 1988년에는 '택8000'을 발표하여 휴대폰 시장의 맹주가 되었다. 그리고 2005년에는 대박을 터뜨린 명품 '레이저' 시리즈를 내놓아 난공불락의 성을 쌓았으나 그것에 지나치게 안주한 것이 화근이 되었다. 레이저의 성공에 집착한 나머지 후발 제품들 모두가 레이저와 닮은꼴이 되고 말았던 것이다.

성공에 안주한 사례로 GM을 빼놓을 수 없을 것이다. 2009년 6월 1일은 미국의 상징인 GM 자동차가 파산하고 'new GM'에 바톤을 넘겨준 날이었다. GM은 변곡점을 현명하게 넘어서지 못하고 치욕을 당한 사례이다.

50, 60년대의 황금기를 보낸 GM은 57년 슬론이 물러나고 프레드릭 도너가 신임 CEO로 앉으면서 비틀거리기 시작했다. 도너는 회계전문가였다. 그는 회계전문가답게 비용 절감에 모든 것을 걸었다. 시장은 물론 소비자도 무시했다. 그리하여 GM의 목표까지 수정되었다. 시장에서의 '우월적인 지위'가 아니라 '안정적인 수익창출'로 바뀌었다.

그의 결정적인 실수는 '뱃지 마케팅badge marketing'이었다. 원가절감을 위해 남의 회사에서 만든 모델에 자사의 상표를 붙이는 것이다. 이것으로 상당한 경비를 절약하고 단기적인 수익을 올릴 수 있었으나 시장과 소비자는 서서히 GM을 외면하기 시작했다. 앨프레드 슬론이 힘들여 구축해놓은 마케팅의 기본질서를 모두 파괴해 버린 것이다.

1981년, 프레드릭 도너가 흔들리자 GM은 다음 CEO로 로저 스미스를 영입했지만 그 역시 도너를 뒤따르는 회계전문가였다. 원가절감을 위해 모든 자동차 부품을 여러 브랜드가 함께 시용하도록 하였다. 몇 년이 지나자 GM의 자동차들은 가격도, 외모도, 성능도 모두가 비슷한 차들이 되어 버렸다. 그러자 소비자들은 GM의 자동차를 모두 외면하게 되었다. 이것이 GM을 파산으로 이끈 가장 핵심적인 요인이었다. 프레드릭 도너나 로저 스미스는 자동차의 본질을 무시한 숫자 위주의 경영에만 몰두했던 것이다.

코닥은 필름 기업으로 살아남기 위해 몸부림치다가 몰락의 길로 접어들었지만 코닥과 더불어 필름 시장의 양대 산맥이었던 후지필름은 성공적으로 변신하고 있는 중이다. 바로 자신을 버릴 수 있는 용기였다.

후지는 1988년에 디지털 카메라를 개발하여 270여 개국에서 판매하고 있다. 이는 자사의 필름을 스스로 죽이는 행위와 다름 아니다. 그러나 자신을 이겨야만 살아남을 수 있는 것이 기업의 숙명이다. 그리고 이제는 기존의 사진 영상기술을 응용할 수 있는 분야를 빠르게 개척해 나가고 있다. 평판디스플레이, 인화기, 프린터, 의료 영상 분야로 진출하는가 하면 2008년부터는 바이오 제약회사로 변신 중에 있다.

또 뷰티&헬스 분야를 신설하여 화장품 기업으로도 변신 중이다. '아스타리프트' 브랜드가 그것이다. 필름을 만들던 기업이 화장품에까지 손을 대자 많은 사람들이 의아해 했다. 이에 대해 후지 측은 필름과 사람의 피부는 동일하다고 말한다. 필름을 변색되지 않도록 유지하는 기술이 곧 피부의 노화속도를 늦추는 방법과 일맥상통하다는 주장이다. 상당히 일리가 있어 보이는 말이다. 이 신규 사업의 성공 여부는 좀 더 지켜보아야 하겠지만 자신의 기득권을 죽일 수 있는 용기만은 긍정적으로 평가할 수 있을 것으로 보인다.

관성의 법칙은 갈릴레이에 의해 발견되었고 뉴턴에 의해 우아한 정식 F=ma, a=F/m으로 정립되었다(F는 힘, m은 질량, a는 가속도이다). 외부의 힘이 가해지지 않는 한 정지한 물체는 정지 상태를 유지하려 하고, 움직이는 물체는 같은 방향으로의 운동을 계속하려 한다는 법칙이다.

사람의 사고와 행동도 대부분 관성에 사로잡혀 있다. 일을 해도 늘 별다른 문제가 생기지 않는 한 동일한 행동이 타성으로 굳어지게 된다. 그렇게 하면 편할지는 모르지만 역사가 이루어지지 않는다.

프랑스 속담은 이렇게 적고 있다.

"편안한 사람은 역사를 만들어내지 못한다."

단순 반복적인 생활을 되풀이하는 꿀벌이나 개미들은 지금도 1만 년 전의 삶을 답습하고 있다. 요즘처럼 변화의 속도가 빠른 환경에서는 과거의 방식에 집착하다가는 제자리에도 머물지 못하고 도태된다.

성공한 기업일수록 승리에 도취되면 변화에 둔감해지지만 불어난 몸집도 변화를 어렵게 만든다. 일단 정상에 오르고 나면 조직이 빠르게 비대해지기 때문에 변화를 감지하지 못하게 된다.

그래서 때로 낯선 시각으로 자신을 돌아보는 것이 좋다. 수평적 사고를 연구하는 사람들에 의하면 내부 사람들에게는 문제의 핵심이 잘 보이지 않는다. 그래서 기업이 위기를 맞으면 내부의 사람들은 새로운 해법을 찾는 게 아니라 기존의 방식에 더욱 매달리게 된다는 것이다. 이것을 '능동적 타성'이라고 부른다.

위기에 처한 많은 기업들이 왜 엉뚱한 분야에서 새로운 CEO를 영입하는가?

내부의 문제는 내부 사람들에게는 잘 보이지 않기 때문이다. 바둑을 두는 당사자들은 자신의 생각에 몰두한 나머지 바둑의 수를 잘 읽지 못하지만 구경꾼들에게는 아주 잘 보이는 것과 마찬가지다. 외부의 시각으로 보면 의외로 문제의 핵심을 쉽게 찾을 수 있다는 것이다.

위기에 빠진 IBM을 구한 사람은 첨단 IT 전문가가 아니라 컴맹 수준이었던 식품회사 출신의 CEO 루이스 거스너였다. 취임 후 IBM의 미래를 놓고 마라톤 회의를 할 때였다. 참석자들은 모두 기술적인 어려운 용어만 동원할 뿐 '고객'이라는 단어는 한마디도 나오지 않더라는 것이다. 거기서 그는 직감적으로 깨달았다. IBM은 그동안의 성공의 함정에 빠져 '고객'을 전혀 의식하지 않았다는 점이다. 그 해법 역시 어려운 기술적인 용어가 아니라 '소비자에 대한 밀착 서비스' 단 한 가지였다.

낯선 곳으로의 여행도 신선한 피를 수혈받는 방법이다. 작가 헤밍웨이는 타성에 젖어드는 자신을 채찍질하기 위해 늘 낯선 곳으로의 모험 여행을 떠났다. 그의 작품 《노인과 바다》나 《킬리만자로의 눈》 등은 모두 여기서 나온 작품들이었다.

진화론을 쓴 찰스 다윈은 말했다.

"살아남은 종은 가장 강한 종도, 가장 지능이 높은 종도 아니다. 변화에 적응한 종일뿐이다."

곤충류는 다섯 번에 걸친 대멸종에서도 살아남았지만 지구의 주인이었던 파충류나 공룡은 단 한 번의 환경변화에 적응하지 못하고 멸종되고 말았다. 그러나 박쥐는 아마도 거의 유일하게 5천만 년 이상 살아남은 포유류 동물일 것이다.

박쥐는 우선 최소한의 에너지로 살아가는 방법을 터득하고 있다. 먹이활동을 하는 시간 외에는 동굴 속에 거꾸로 매달려 반수면 상태에서 휴식을 취한다. 밤에만 먹이활동을 하는 것도 경쟁자들과 불필요한 싸움을 하지 않기 위해 진화된 행동이다.

또 박쥐들은 먹이나 서식지를 놓고 동일종 간의 경쟁을 하지 않는다. 죽고 사는 싸움 대신 활동 시간대를 달리하여 차별화하거나 서식지를 옮겨 새로운 환경에 적응해간다. 낯선 환경에 대한 적응력이 강하기 때문에 오랜 시간이 지나면 종의 분화가 일어난다. 그리하여 박쥐는 1,000여 종이 넘는다. 그러나 정상에 선 기업들은 변화에 적응하기가 쉽지 않다.

그 이유는 대략 다음과 같다.

1. 일단 궤도에 오른 기업은 몸집이 비대해지면서 변화에 둔감해진다. 설사 변화를 깨달았더라도 비대해진 몸집 때문에 이에 신속하게 대응하지 못하게 된다.

2. 기업이 어느 정도 이상의 규모가 되면 안정 위주의 선택을 하게 된다. 자칫

• • •

강자에게는 강점 자체가 약점으로 작용하는 경우가 많다. 성경의 기록을 보면 골리앗의 신장은 여섯 규빗하고도 한 뼘이 더 되었고 갑옷의 무게는 놋 5천 세겔이었다. 요즘의 단위로 환산하면 신장 2미터 93cm, 그 갑옷의 무게가 60kg에 달한다. 이런 거인과 맞서 싸울 상대는 아직 솜털이 송송한 양치기 소년 다윗이었다. 골리앗의 거대한 몸집은 소년 다윗의 돌팔매를 절대로 피할 수 없었던 것이다. 강점이 약점으로 반전된 사례이다.

개인이든 기업이든 마찬가지다. 자동차 왕국이었던 포드나 컴퓨터의 제왕이었던 IBM, 카메라의 모든 것이었던 코닥 등이 모두 자신들의 강점에 발목이 잡혀서 고전했거나 몰락의 위기에 처한 사례들이다.

포드 자동차도 강점에 발목이 잡힌 사례로 꼽힌다. 자동차 왕 헨리 포드는 어떤 면에서는 인간적인 향기가 물씬 나는 사람이었다. 가난했던 어린 시절, 헨리 포드의 어머니가 병을 앓고 있었다. 갑자기 병세가 악화되자 어린 포드는 의사를 부르기 위해 이웃 마을로 달려갔지만 의사를 데리고 왔을 때 어머니는 이미 숨을 거둔 다음이었다. 당시에도 자동차가 있었지만 서민들로서는 꿈도 꿀 수 없는 비싼 물건이었다. 어린 포드는 자신의 느린 걸음을 한탄했다. 그리고 결심했다.

'나는 많은 돈을 벌 것이다. 그리고 모든 사람들이 탈 수 있도록 저렴한 자동차를 만들겠다.'

그리하여 마침내 자동차의 대중화시대를 연 인물이 헨리 포드였다. 디트로이트에 있는 포드 기념관에는 다음과 같은 글귀가 새겨져 있다.

'그는 꿈을 꾸는 사람이었다.'

헨리 포드가 자동차 회사를 설립한 것은 1903년이다. 값싸고 튼튼한 자동차가 목표였던 포드는 디자인을 단순화시키고 모든 부품을 호환시킬 수 있도록 하여 T-카 모델을 내놓았다. 이런 방법으로 당시 2천 달러가 넘던 자동차 가격을 850달러로 낮추었다. 그 가격도 서민들이 자동차를 구입하기에는 부담이 된다 하여 어셈블리 라인 Assembly Line 을 만들어 자동차 가격을 더 낮추었다.

어셈블리 라인은 산업사회 역사상 가장 획기적인 생산 방법 중 하나이다. 그 이전의 생산 방식은 차체를 한 곳에 고정시키고서 엔진과 부품을 날라다가 차체에 장착하는 방식이었다. 포드가 고안한 어셈블리 라인 방식은 차체를 움직이는 컨베이어 벨트 위에 얹고 조립 라인이 움직이는 동안에 작업 순서에 따라 해당 부품을 장착시키는 방식이었다.

그것으로 생산량을 획기적으로 증대되었다. 그렇게 탄생한 T-카는 1927년 단종될 때까지 20년 동안 1,500만 대를 생산하여 자동차 역사상 가장 많이 팔리는 자동차가 되었다. 그러나 그 강점이 나중에는 자신의 발목을 잡는 족쇄가 되었다.

포드의 T-카가 자동차 시장에서 절대 강자로 군림하자 나머지 군소 자동차 회사들은 생존의 위험에 직면했다. 여기서 이들은 기업을 합쳐 GMGeneral Motors을 출범시켰다. General Motors란 다양한 자동차 회사들의 집합이란 의미이다. 기업을 합친 GM은 각자의 장점을 살린 다양한 자동차를 만들기 시작했다.

가격은 비싸지만 개성이 강한 시보레, 폰티악, 뷰익, 올즈모빌, 캐딜락 등의 명품 자동차들이 선을 보였다. 지금으로 보면 소비자를 가격대별로, 라이프스타일별로 세분한 다품종 소량생산 시스템이었다.

여기서 시장의 무게중심이 움직이기 시작했다. 부유층, 기업의 경영자들, 정부의 고급 관리들은 비싸지만 자신만의 개성을 나타낼 수 있는 GM의 자동차로 몰리기 시작했다. 이것으로 GM의 시장점유율은 20% 미만이었던 것이 57%까지 치솟았다. 그러나 대량 생산체제를 갖춘 포드로서는 일단 가동을 시작하면 몇 만 대를 생산해야 하는 시스템이었기 때문에 GM을 따라잡을 수가 없었다. 자신의 강점에 스스로 발목이 잡힌 것이다.

이 역사적인 쾌거를 이룩한 사람이 전설적인 경영자 알프레드 슬론이다. 그를 마케팅의 선구자라고 부르는 것은 그가 제품 차별화와 시장 세분화의 개념을 처음 도입한 인물이기 때문이다. 이것으로 포드 자동차는 시장의 대부분을 GM에 내주고 50년 동안 GM에게 끌려다니는 2인자의 처지에 머물러야 했다.

• • •

어느 기업에 10개의 상품군이 있다고 할 때 모두가 고르게 10의 매출을 올려 총 매출 100이 되는 것은 아니다. 매출액이 높은 순으로 누적시켰을 경우 보통 누계 매출액 70%까지가 A그룹, 90%까지가 B그룹, 나머지 10%가 C그룹으로 분류된다. 10가지 아이템 중 2개 상품 정도가 A그룹을 이루며 3, 4개 상품이 B그룹, 나머지가 C그룹을 형성하는 경우가 보통이다.

자사의 매출 A그룹인 상품이 성장 시장이고 시장점유율에서도 1위라면 그 기업은 지금 최고의 절정기를 맞이하고 있는 것이다. 지금의 삼성전자가 그러하다. 삼성의 A그룹 상품인 반도체, LCD, 이동통신, TV는 빠르게 성장하는 분야로 세계 시장에서도 상위그룹에 속한다. 삼성은 지금 초절정을 달리고 있는 중이다.

B그룹 이하의 매출 구성비는 30%선 정도를 유지하는 것이 정상이다. 삼성전자의 경우 B, C그룹을 이루는 차세대 상품군이 너무 허약하다는 것이 문제점으로 지적되고 있다. 최근 5년 동안 새로 시작한 신사업의 매출 구성비는 불과 1, 2% 정도여서 5년 후, 10년

후에 문제가 될 수 있다는 분석이 가능하다.

자사의 A급 상품이 시장에서는 1위지만 사양업종이라면 새로운 핵심사업을 발굴해야 한다. 자사의 A급 상품이 성장 시장이지만 쉐어에서 2, 3위 혹은 그 이하라면 가능성은 있으나 고전하고 있는 경우이다. 이런 기업은 상품 콘셉트나 시장 상황을 면밀하게 점검할 필요가 있다.

만약 자사의 B급 아이템이 시장 쉐어에서 1위를 기록하고 있고 그 시장 역시 빠른 성장을 기록하고 있는 시장이라면 성장 시장을 미리 지키고 있는 경우로 5, 10년 후의 전망이 밝은 기업이다.

시장에서 1위와 2위는 일반인들이 생각하는 것보다 훨씬 더 큰 간극이 존재한다. 시장점유율이 2배면 매출이나 수익은 4배 이상 차이가 나는 것이 보통이다. 규모의 경제에서 차이가 나기 때문이다. 소프트웨어나 통신 시장의 경우에는 승자독식의 법칙이 적용되기 때문에 '쏠림 현상'까지 나타나게 된다.

100명의 가입자가 있는 통신사와 200명의 가입자가 있는 통신사의 시장영향력은 2배가 아니라 4배로 증가한다. 100명인 통신사에서는 100×99=9,900가지의 커뮤니케이션이 가능하지만 200명인 통신사에서는 200×199=39,800가지의 커뮤니케이션이 가능하기 때문이다. 이것을 네트워크 승수효과 혹은 승자독식의 법칙이라고 부른다.

통신 시장의 SKT와 KTF를 보자. 이들의 가입자 점유율은 50.5 : 32.8이었다(2006년 8월말 기준). 그러나 역시 같은 시점에서 이 둘의 주가는 SKT : 195,000원, KTF : 28,150원이었다. 물론 주가는 훨씬 더 많은 요소에 의해 영향을 받지만 시장점유율은 영향력 면에서 제곱의 비 이상으로 차이가 난다. 그래서 한 국가나 기업의 경쟁력을 볼 때는 No. 1의 상품이 몇 개인가 하는 것이 중요한 지표가 될 수 있다.

자사의 아이템 중 시장에서 1위를 차지하고 있는 아이템이 몇 개인가? 이는 현재의 경쟁력을 나타내는 지수이다. 국가 경쟁력을 나타낼 때도 해외 시장에서 No. 1의 상품이 몇 개인가 하는 지수를 사용한다.

1위 상품의 숫자를 가지고 우리나라의 경쟁력 추이를 보자. 지식경제부 자료에 의하면 우리나라 해외 경쟁력 1위 상품의 수는 2002년 49개, 2003년 59개, 2004년 78개, 2005년 86개, 2006년 121개였다. 이에 비해 중국은 2005년에 958개로 세계 시장 전체에서 1위를 기록한 이래 지금은 1,000개가 넘는 것으로 알려지고 있다. 세계 시장 1위의 명예는 대단한 것이다. 자동차＝벤츠, 운동화＝나이키 하는 식으로 하나의 브랜드가 어느 한 상품 분야의 아이콘에 오를 경우가 가장 바람직하다.

우리나라 상품 중에 해외시장 1위 상품은 반도체와 박막액정표시장치TFT-LCD, LNG운반선, 선박용 디젤엔진, 에어컨 등이 있지만 순수한 소비재 시장에서 확실한 1위는 그리 많지 않다. 아이콘으로 떠오른 상품은 초코파이 정도가 아닐까 생각된다.

초코파이는 동남아, 중국, 러시아 등지에서 60～70%를 석권하고 있을 정도로 확실한 1위는 물론이고 중국에서는 결혼 답례용으로 자리했으며 베트남에서는 조상의 사당에 제사를 지낼 때 필수품으로 자리 잡을 정도라고 한다.

삼성전자가 반도체 기술을 쏟아 부어 TV에 승부를 걸고 있는 것도 이런 맥락에서 이해하여야 할 것이다. 반도체는 다른 상품에 들어가는 부품일 뿐 그것 자체가 완성된 브랜드 상품이 아니기 때문이다. 역시 같은 부품 업체인 인텔이 굳이 자사의 부품을 사용하는 컴퓨터에 'Intel Inside'를 고집하는 이유도 그것이다.

확실한 1위 상품도 있어야 하지만 1위 상품 하나에만 매달린 기업은 자칫 위험에 처할 수 있다. 노키아가 그러하다. 한동안 세계 시장에서 1위였던 노키아는 기술 패러다임이 바뀌는 순간에 이에 적절하게 대응하지 못해 3위로 추락한 사례이다. 국내 시장에서 확실한 1위였던 삼양라면, OB맥주, 섬유유연제 피죤 등은 모두 확실한 1위 상품이었지만 이것이 흔들리자 기업 전체가 혼란에 빠지고 말았다.

• • •

기존의 시장에 후발 기업이 나타나 시장을 석권하기는 쉽지 않다. 그러나 변화의 와중에는 많은 기회가 숨어 있다. 소위 시장의 패러다임이 바뀔 때 큰 시장이 기다리고 있는 것이다.

변화에 관해서는 빌 게이츠의 유명한 명언이 있다. 변화를 의미하는 단어 Change에서 'g'를 'c'로 바꾸면 바로 Chance가 된다는 말이었다. 변화 속에는 반드시 기회가 숨어 있다.

록펠러는 석유시대가 열릴 때 기회를 읽었고 카네기는 강철시대의 흐름을 읽어 전설적인 부를 쌓았다. 그리고 제조업 위주의 산업사회 패러다임이 바뀔 무렵에 많은 IT 분야의 귀재들이 나타나 새로운 주인이 되었다. 빌 게이츠, 스티브 잡스, 구글, 아마존 모두 변화의 와중에서 기회를 잡은 사례들이다.

반면 변화는 기득권자에게는 위기일 수도 있다. 이동통신 전화를 보자. 94~99년 사이 이동통신 전화 가입자는 2,600만 명에서 3억 명으로 폭증했다. 이동통신이라는 새로운 기회가 열린 것이다. 그 기회를 가장 먼저 잡은 것은 모토로라였지만 기술 수준이 아날로그에서 디지털로 바뀌는 순간에 주인이 모토로라에서 노키아로 바뀌었다. 다시 시장의 흐름이 스마트폰으로 흐르는 사이에 애플과 삼성이 시장을 끼어들면서 노키아는 순식간에 3위로 주저앉고 말았다.

변화가 빠르게 진행되는 동안에는 동종경쟁자보다 이종경쟁자가 더 무섭다. 동종경쟁자가 가진 무기와 전략은 대략 알고 있지만 이종경쟁자는 전혀 다른 무기, 다른 전략으로 나오기 때문이다.

농사를 지을 때도 심은 곡식보다 심지 않은 잡초가 더 잘 자란다. 그래서 농사일의 $\frac{1}{5}$ 은 잡초를 뽑는 일에 할애해야 한다. 김매기를 한다는 것은 잡초를 뽑아 내는 일을 가리키는 말이다. 나락논의 잡초인 피는 어릴 때는 생긴 모양도 벼와 흡사하여 구분이 잘 안 된다. 그러나 피는 벼보다 훨씬 더 빨리 자라기 때문에 어느 정도 시간이 지나면 곧 구분할 수 있다. 이때부터 농부들은 한여름 뙤약볕에서

피를 뽑아야 한다. 피는 벼의 영양분을 빼앗으며 큰 키로 햇살을 가로막아 벼에 피해를 주기 때문이다. 농사를 망쳤다는 말 중에 "피농했다."는 말은 나락 대신 피를 길렀다는 이야기다.

벼를 심은 논에 피가 더 잘 자라는 이유는 무엇일까?

나락논에는 벼가 필요로 하는 양분은 늘 부족하게 마련이다. 동종경쟁의 장이기 때문이다. 그러나 피가 필요로 하는 양분은 남아돈다. 그래서 심은 곡식보다 심지 않은 잡초가 더 잘 자라는 것이다. 밀밭에 떨어진 보리는 밀보다 더 잘 자라고 보리밭에 떨어진 밀알은 보리보다 더 잘 자라는 것이 세상의 이치다.

이종 경쟁자가 더 무서운 경쟁자로 느껴지는 이유이기도 하다. 이것이 '이종경쟁의 법칙'이다.